Hans-Arved Willberg

Lehrbuch
Kognitive Seelsorge II
Neuropsychologie, Ätiologie, Diagnostik und Beratungsstruktur

Lehrbücher aus dem
Institut für Seelsorgeausbildung (ISA)

Band 7

Lehrbücher aus dem Institut für Seelsorgeausbildung (ISA)
Band 7

Bibliografische Information der Deutschen Nationalbibliothek: Die Deutsche Nationalbibliothek verzeichnet diese Publikation in der Deutschen Nationalbibliografie; detaillierte bibliografische Daten sind im Internet über dnb.d-nb.de abrufbar.

ISBN: 978-3-7347-8911-3

Herstellung und Verlag: Books on Demand GmbH, Norderstedt.

Teil 1: Denken wir nur, dass wir denken?

Kognitive Seelsorge im Licht der Neuropsychologie

Die Neuropsychologie der Beliefs

1. Motivationale Schemata

Unsere Persönlichkeit entwickelt sich durch das Wechselspiel zwischen unseren grundlegenden Bedürfnissen und den Herausforderungen, mit denen wir auf dem Weg zu ihrer Befriedigung konfrontiert werden. Der Wille zur Bedürfniserfüllung ist unsere Antriebskraft. Darauf sind wir festgelegt und in dieser Hinsicht unterscheiden wir uns nicht von Tieren oder Pflanzen. Wir können nicht anders als den jeweils unserer Wahrnehmung nach bestmöglichen Weg zur Bedürfniserfüllung einzuschlagen. Auch alles Schuldigwerden und alle Psychopathologie dient diesem Ziel. So wie Pflanzen im Überlebenskampf die „verrücktesten" Wege suchen, um genügend Wasser, Luft und Licht zu bekommen, sind auch alle destruktiven und kranken Verhaltensweisen des Menschen Versuche, die wahre Bedürfniserfüllung und damit das Gelingen des Lebens (dazu sagt man „Glück") zu erzwingen, wenn auch auf den skurrilsten und verzweifeltsten Umwegen. Immer ist es der Wille zum Leben, der sich Bahn macht. Wir bahnen unseren Weg. Indem wir das tun, bildet sich unsere Persönlichkeit.

1.1. Bahnungen

Dem Neurobiologen Gerald Hüther zufolge lassen sich die „Triebimpulse" des Menschen

> „als Manifestationen bereits stattgefundener Bahnungsprozesse auf der Ebene neuronaler Verschaltungen verstehen. Demnach wären Abhängigkeits- und Autonomiebedürfnisse, aggressive und narzißtische Bedürfnisse als erfolgreiche Bewältigungsstrategien des Kindes zu werten, deren zugrundeliegende Verschaltungsmuster durch wiederholte, kontrollierbare Stressreaktionen bereits tief im kindlichen Gehirn verankert worden sind. Die Triebfeder für die sequentielle Aneignung dieser Strategien im Denken, Fühlen und Handeln eines Kindes wäre die von ihm erlebte Angst und das daraus resultierende Grundbedürfnis nach Überwindung dieser Angst, also nach Sicherheit. Die zur Unterdrückung dieser Angst eingeschlagenen Strategien sind vom jeweiligen Entwicklungsstadium des Kindes abhängig."[1]

Dem neuropsychologischen Forschungsbefund nach veranlasst das Vorhandensein apriorischer[2] Grundbedürfnisse unser Gehirn zur Ausbildung entsprechender neuronaler Erregungsmuster, die als *motivationale Schemata* bezeichnet werden.[3] Diese haben entweder annähernden oder vermeidenden Charakter, je nachdem, ob der Mensch in einem Umfeld heranwächst, das seine Bedürfnisbe-

---

[1] Gerald Hüther, *Biologie der Angst: Wie aus Streß Gefühle werden*, 5. Aufl. (Göttingen: Vandenhoeck & Ruprecht, 2002), 98.

[2] Apriorisch = vorgegeben.

[3] Klaus Grawe, Klaus, *Psychologische Therapie*, 2., korr. Aufl. (Hogrefe: Göttingen u.a., 2000), 339.

friedigung fördert oder das ihr ablehnend gegenübersteht.[4] Weil solche neuronalen Erregungsmuster sich mit Wegen vergleichen lassen, die vom Gehirn auf das Oberziel der Bedürfniserfüllung hin angelegt werden, nennt man sie auch *Bahnungen*.[5]

> „Es entstehen im Zuge zunehmender Erfahrungen immer mehr Unterziele und Mittel (Fähigkeiten) zur Realisierung des Oberziels. Je differenzierter die hierarchische Struktur eines Schemas wird, um so mehr Möglichkeiten hat das Individuum, das hinter dem motivationalen Schema stehende Bedürfnis zu befriedigen."[6]

Natürlich verlaufen die Bahnungsprozesse, die immer dadurch motiviert sind, dass die von den seelischen Grundbedürfnissen diktierten Sollwerte der Oberziele erreicht werden,[7] nicht konfliktfrei, da sie ständig auf neue Herausforderungen stoßen, die sie entweder zu erhöhtem Energieaufwand nötigen, um das Hindernis zu integrieren, oder die sie sogar scheitern lassen.[8] Hüther zufolge äußert sich der Integrationsprozess als eine *kontrollierte Stressreaktion*:

> „Zu einer [...] kontrollierbaren Streßreaktion kommt es immer dann, wenn zwar Verhaltens- (incl. Verdrängungs-) Strategien zur Vermeidung oder Beseitigung des Stressors verfügbar sind, die Effizienz dieser Mechanismen jedoch (noch) nicht ausreicht, um die aufgetretene Anforderung durch eine zur Routine gewordene Reaktion zu bewältigen und die Aktivierung einer Streßreaktion zu verhindern."[9]

Der Stress lege sich, wenn die Integration gelungen sei.[10] Wenn aber „eine Belastung auftritt, für die eine Person keine Möglichkeit einer Lösung durch ihr eigenes Handeln sieht, [...] so kommt es zu einer sogenannten 'unkontrollierbaren Streßreaktion'".[11] Der Sinn einer solchen bestehe darin, zugunsten der Oberziele Bahnungen, die ihren Zweck nicht mehr erfüllen, aufzulösen und neuen, passenderen Raum zu schaffen,[12] so wie im Straßenbau veränderter infrastruktureller Bedingungen wegen mancher Weg eingeebnet werden muss, um einen neuen, besseren, zu ermöglichen.

> „Unkontrollierbarer Streß kann veraltete, für neuartige Anforderungen unbrauchbare Bewertungs- und Bewältigungsmuster durch überwiegend degenerative Veränderung der ihnen zugrundeliegenden neuronalen Verschaltungen destabilisieren und auslöschen."[13]

---

[4] Klaus Grawe, *Neuropsychotherapie* (Hogrefe: Göttingen, Bern, Toronto u.a., 2004), 188.

[5] K. Grawe, Psychologische Therapie, 266.

[6] Ebd., 355.

[7] Ebd., 194; Seymour Epstein, Cognitive-Experiental Self-Theory: An Integrative Theory of Personality, in: Curtis, Rebecca C. (Hg.), *The Relational Self: Theoretical Convergences in Psychoanalysis and Social Psychology* (The Guilford Press: New York, London, 1991), 116, 118.

[8] G. Hüther, a.a.O., 36-38.

[9] Ebd., 36.

[10] Ebd., 37.

[11] Ebd., 38.

[12] Ebd., 76, 80f.

[13] Ebd., 76.

Solche Erfahrungen seien schmerzlich und zudem riskant, weil die sinnvolle Neubahnung auch ausbleiben könne, insbesondere dort, wo die unkontrollierte Stressreaktion zu viel Schaden anrichte: Es könne

> „die Destabilisierung neuronaler Verschaltungen bei lang anhaltenden unkontrollierbaren Belastungen tiefer reichen und mehr auflösen, als eigentlich erforderlich wäre. Die mit Verzweiflung und Ratlosigkeit einhergehende unkontrollierbare Streßreaktion ist die Voraussetzung dafür, daß wir einen neuen, geeigneteren Weg zur Bewältigung der Angst finden. Dauert sie zu lange an, so werden die immer wieder anflutenden Streßhormonwellen zu einer wachsenden Gefahr für unsere geistige, emotionale und körperliche Integrität."[14]

Destabilisierungen seien trotz dieses Risikos aber notwendig, um „eine Neuorganisation [der] inneren Ordnung" zu ermöglichen.[15] Wenn sie nicht stattfänden, würde sich die Entwicklung der Persönlichkeit nur durch immer fortschreitende neuronale Anpassungsprozesse vollziehen, denn „[d]ie zunehmende Spezialisierung eines Systems auf die Beseitigung ganz bestimmter Störungen schränkt zwangsläufig seine Fähigkeit ein, adäquat auf andere, bisher seltener aufgetretene Veränderungen seiner Außenwelt zu reagieren."[16] Dadurch würden tief greifende Veränderungen unmöglich und der Mensch bliebe unfrei: „Frei können wir in unseren Entscheidungen eigentlich immer erst dann werden, wenn es so wie bisher nicht mehr weitergeht, wenn alle bisher bewährten Strategien unsres Denkens, Fühlens und Handelns sich als ungeeignet oder undurchführbar erweisen."[17]

Somit trügen sowohl die kontrollierte als auch die unkontrollierte Stressreaktion zum Persönlichkeitswachstum bei:

> „Herausforderungen stimulieren die Spezialisierung und verbessern die Effizienz bereits bestehender Verschaltungen. Sie sind damit wesentlich an der Weiterentwicklung und Ausprägung bestimmter Persönlichkeitsmerkmale beteiligt. Schwere, unkontrollierbare Belastungen ermöglichen durch die Destabilisierung einmal entwickelter, aber unbrauchbar gewordener Verschaltungen die Neuorientierung und Reorganisation von bisherigen Verhaltensmustern."[18]

Hüther behauptet dementsprechend, dass die Stressreaktion „der große Modellierer" sei, der „im Lauf unseres Lebens immer wieder dafür sorgt, daß zunächst zwar richtige, sich später aber als Sackgassen erweisende Verschaltungen aufgelöst und neue Wege eingeschlagen werden können."[19]

---

[14] Ebd., 77.

[15] Ebd., 80. Vgl. die Überlegungen zum immer währenden Wechsel zwischen „Abbrechen und Bauen" der Naturordnung in Prd 3,1-8.

[16] Ebd., 80.

[17] Ebd., 50.

[18] Ebd., 81.

[19] Ebd., 27.

1.2. Ein hierarchisches System

Die Theorie der *motivationalen Schemata* ist durch Klaus Grawe (1943-2005) publik geworden. Sie geht auf die in den 70ern veröffentlichte *Kontrolltheorie* von William Powers zurück. Demnach wird das Denken, Empfinden und Verhalten des Menschen durch eine hierarchisch gegliederte Abfolge neuronaler Schaltkreise bestimmt.[20]

Ganz oben ist die *Systemebene*, von der die *Prinzipienebene* als zweitoberste bestimmt sei (Abbildung 1).[21] Die Systemebene sei die Ebene der *seelischen Grundbedürfnisse nach Kontrolle, Lust, Bindung und Selbstwerterhöhung* (Abbildung 2).[22] Die Prinzipienebene enthalte die individuellen Grund*sätze*, nach denen der Einzelne versuche, die Bedürfniserfüllung optimal zu gewährleisten. Diese Grundsätze werden motivationale Schemata genannt: „Die motivationalen Schemata sind die Mittel, die das Individuum im Laufe seines Lebens entwickelt, um seine *Grundbedürfnisse* zu befriedigen und sie vor Verletzung zu schützen."[23] Miteinander würden die motivationalen Schema ein „zusammenfassendes" *Selbstschema*

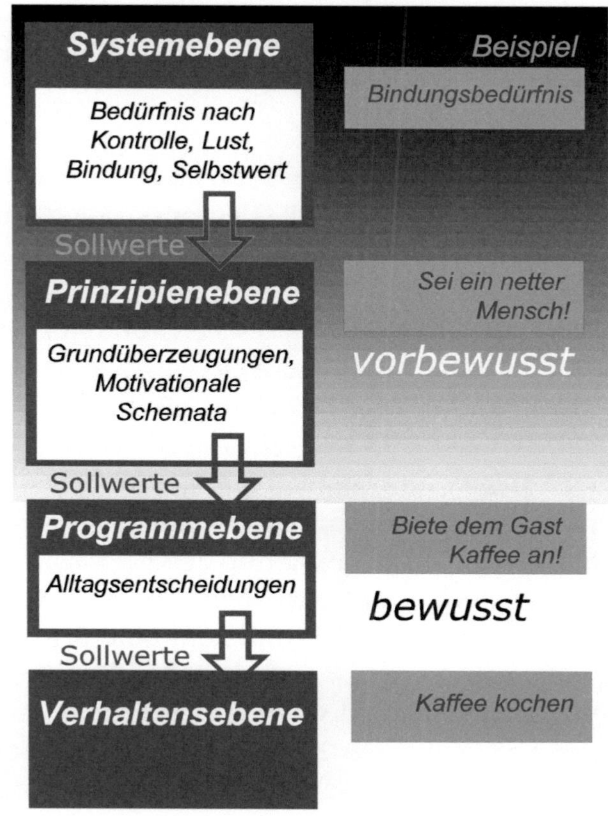

Abbildung 1: Die motivationalen Schemata nach Grawe

bilden, „das die psychische Aktivität des Individuums massgeblich bestimmt."[24] Physiologisch betrachtet bestünden die motivationalen Schemata und ihre Deri-

---

[20] K. Grawe, Psychologische Therapie, 179-195. Abbildung stark vereinfacht nach ebd., 191 und K. Grawe, Neuropsychotherapie, 189.- Ähnliches hat übrigens schon Viktor von Weizsäcker behauptet: „Etwas Bestimmtes wollen, z.B. Gehen, ist nur möglich unter einer Voraussetzung, und die Voraussetzung ist, daß dieses Bestimmte im Einklang sei mit einer bestimmten Richtung, nicht etwa meiner Bewegungsorgane, sondern meines ganzen Lebens. Es liegt in der psychophysiologischen Organisation des Menschen, Einzelnes und Beliebiges gar nicht wollen zu können, sondern das Wollen-können steht wieder unter einer Vorbedingung, einem übergeordneten Gesetz, gleichsam einem Rahmengesetz. [...] Es mögen Tugenden oder Laster sein - stets werden diese Begrenzungen des Wollen-könnens sich mit strengster Eindeutigkeit aus einem Gesamtziel Ihres Lebens herleiten lassen." Viktor von Weizsäcker, *Der Arzt und der Kranke: Stücke einer medizinischen Anthropologie,* bearbeitet v. P. Achilles, Gesammelte Schriften, Hg. P. Achilles et al., Bd. 5, (Suhrkamp: Frankfurt a.M., 1987), 128f.

[21] K. Grawe, Psychologische Therapie, 186.

[22] K. Grawe, Neuropsychotherapie, 189. Sehr ausführlich dazu s. ebd., 183ff, sowie K. Grawe, Psychologische Therapie, 383ff. Ein Selbsteinschätzungstest des individuellen Bedürfnisschwerpunkts mit kurzer Erklärung der vier seelischen Grundbedürfnisse findet sich in Hans-Arved Willberg, *Mach das Beste aus dem Stress: Wie Sie Ihr Leben ins Gleichgewicht bringen* (R. Brockhaus: Wuppertal, 2006), 23-30.

[23] K. Grawe, Neuropsychotherapie, 188.

[24] K. Grawe, Psychologische Therapie, 226.

---

vate in „neuronalen Erre-
gungsbereitschaften [...]. Sie
sind in cell assemblies oder
neuronalen Gruppen orga-
nisiert."[25] Aus der Prinzipienebene würden sich die
Sollwerte der *Programmebe-
ne* ableiten, auf der unser
Alltagsbewusstsein angesie-
delt sei.[26] Aus welchen
Grundüberzeugungen die
Alltagsentscheidungen je-

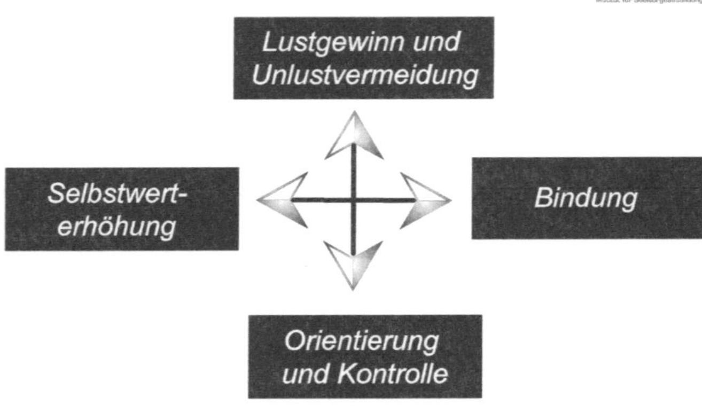

Abbildung 2:
Die vier seelischen Grundbedürfnisse nach Grawe

weils resultieren, ist uns normalerweise nicht bewusst, weil es sich um automatisierte Vorgänge handelt. Neuropsychologisch gesehen ist Automatisierung Bahnung stabiler neuronaler Verschaltungen.

Man kann dieses hierarchische Grundmuster unseres Gehirns mit der Metapher
eines Geschäftshochhauses veranschaulichen: Im Erdgeschoss werden die fertigen Produkte ausgeliefert, umgekehrt gehen hier Lieferungen zud Bestellungen
ein. Das ist die sensorisch-leibliche Ebene, über die wir im Kontakt zur Außenwelt stehen, empfangend und gebend. Entsprechend verlaufen die Umsetzungs-
prozesse der motivationalen Ebenen sowohl von unten herauf (bottom up) als
auch von oben herunter (top down). Nach oben spitzt sich die Hierarchie zu: Im
„Oberstübchen" ist das Chefbüro. Hier werden die ökonomischen Hauptziele
der Firma vorgegeben und kontrolliert; wenn die Bilanz stimmt, wird bestätigt
und ermutigt, wenn nicht, werden Korrekturmaßnahmen ergriffen. Normalerweise werden nicht ganze Abteilungen in den Keller gesperrt, wie im klassisch
psychoanalytischen Modell, nur weil sie dem Soll nicht genügen - dies wäre
merkwürdig unproduktiv. Man müsste sich wirklich fragen, wie ein Mensch
dann überhaupt funktionieren könnte.[27] Was nicht heißt, dass nicht doch manch
Unangehmes dort verschwindet, sofern es eben mit dem auf der System- und
Prinzipienebene definierten Design durchaus nicht in Einklang zu bringen ist.
Dann trifft zu, dass nicht sein kann, was nicht sein darf.

1.3. Die Cognitive-Experiential Self-Theory

Grawe verbindet die Kontrolltheorie von Powers mit der *Cognitive-Experiential
Self-Theory (CEST)* von Seymour Epstein,[28] die mit der Motivationshierarchie
nach Powers übereinstimmt, diese aber um das Konstrukt der vier seelischen
Grundbedürfnisse bereichert. „Die Grundbedürfnisse haben [...] eine zentrale
Stellung in Epsteins Persönlichkeitstheorie. Sie sind gewissermaßen die Stan-
dards, an denen sich die gesamte psychische Aktivität ausrichtet."[29] Epstein behauptet:

---

[25] Ebd., 225.

[26] Ebd., 192.

[27] Wenn ein Reich in sich uneins ist, kann es nicht bestehen, hat auch Jesus im Blick auf intrapsychische Verhältnisse gesagt.

[28] S. Epstein, a.a.O.

[29] K. Grawe, Psychologische Therapie, 383.

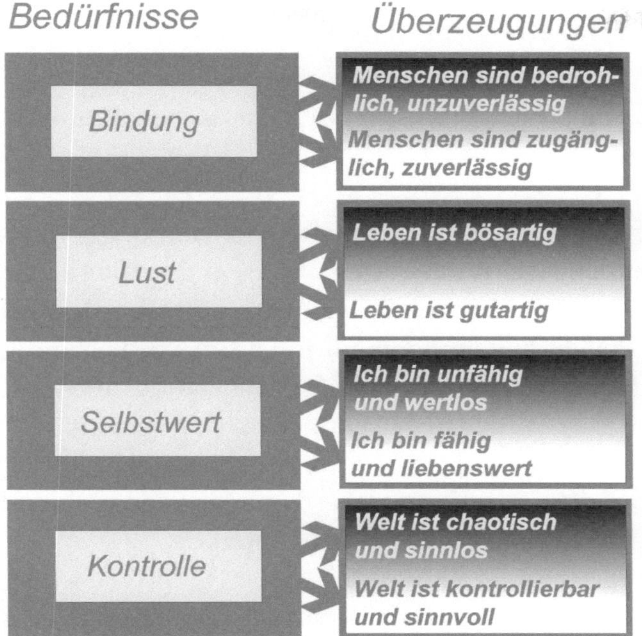

Abbildung 3:
Seelische Grundbedürfnisse und Grundüberzeugungen nach S. Epstein

> „According to CEST, everyone develops an implicit theory of reality that contains subdivisions of a self-theory, a world theory, and propositions connecting the two. A personal theory of reality is a hierarchically organized set of 'schemas' and networks of schemas. The most basic schemas are referred to as 'postulates'."[30]

Diese als implizite Forderungen wirkenden Basis-Schemata befinden sich auf der Prinzipienebene. Sie bestehen Epstein zufolge aus den *„four basic beliefs"*:

> „[E]veryone has an intuitive belief about (1) the degree to which the world is benign; (2) the degree to which life is meaningful (including predictable, controllable and just); (3) the degree to which people are desireable to relate to; and (4) the degree to which the self is worthy (including capable, good, and lovable)."[31]

Aus diesen Grunderwartungen und *Grundüberzeugungen* setzen sich, so Epstein, die individuellen Konzepte zur Erfüllung der Grundbedürfnisse zusammen (Abbildung 3). Die Zielsetzung der Grundüberzeugungen sei die individuelle *Balance* der Grundbedürfnisse:

> „According to CEST, the four motives above are all of central importance, and any one of them can dominate the others, depending on the individual and circumstances. It is assumed that all four motives normally play an equally important role in directing behavior. That is, behavior is viewed as a compromise among the four basic motives."[32]

---

[30] S. Epstein, a.a.O., 117.
[31] Ebd., 120.
[32] Ebd., 119.

1.4. Die Relativität des Unbewussten

Aus neuropsychologischer Perspektive scheint es zwei Grundformen des Unbewussten zu geben:

▸ *Gewohnheiten,* die in stabilen neuronalen Verschaltungen repräsentiert sind.
▸ *Verdrängungen.* Hierbei wird Ungewohntes abgespalten, weil es nicht in das binnenpsychische System passt. Der Prozess des Verdrängens ist allerdings wieder ein Gewohnheitsphänomen, indem durch beständiges Nicht-Zulassen des nicht akzeptierten Erfahrungsgegenstandes dieser sozusagen eingemauert wird, bis er völlig verschwunden zu sein scheint.

Insofern kann man die Grundformen des Unbewussten wohl auf Gewohnheiten ohne oder mit Verdrängungsfunktion reduzieren.

Gewohnheiten sind Energie und Zeit sparende Automatisierungen von Gehirnvorgängen, ohne die wir der Komplexität des menschlichen Lebens unmöglich gerecht werden könnten. Nicht nur für Pianisten gilt, dass sie noch nicht wirklich gut spielen, wenn sie noch überlegen müssen, wie die Finger zu setzen sind. Vollendete Kunst hingegen hat die Technik fast völlig verinnerlicht, oder trocken neuropsychologisch ausgedrückt: Durch Üben automatisiert. Der Künstler muss nicht mehr überlegen, wie er zu spielen hat, und erst dadurch wird er ganz frei zur Interpretation des Stücks: Die Technik wird zum Raster, das er mit Leben füllt. Automatisierungen schaffen kreativen Freiraum.

Das Automatisierte wird im Gehirn anders abgespeichert als das Nicht-Automatisierte. Es steht viel schneller zur Verfügung. Es wird intuitiv unmittelbar präsent. Leider betrifft das nicht nur positive und konstruktive Gedächtnisinhalte, sondern auch negative und destruktive.

CEST ist eine integrative Persönlichkeitstheorie, die sowohl den Erkenntnissen von kognitiver Psychologie und Verhaltenspsychologie als auch von Tiefenpsychologie und Neuropsychologie gerecht werden soll.[33] Epstein versteht sie als einen Mittelweg zwischen oberflächlichen Persönlichkeitstheorien, die das Unbewusste eliminieren, und solchen, die es überbewerten und verkomplizieren.[34] Epsteins Überzeugung nach vollziehen sich die meisten mentalen Ereignisse weder völlig bewusst noch in unzugänglichen Regionen des sogenannten „Unterbewussten", sondern „at a preconscious level of awareness - a level at which people automatically interpret reality. It is a level that influences our feelings, behavior, and conscious thinking"[35] Automatisch laufen diese Vorgänge ab, weil bewusste Interventionen nicht nötig sind und nur stören würden.[36]

---

[33] Lawrence A. Pervin, *Persönlichkeitstheorien: Freud, Adler, Jung, Rogers, Kelly, Cattell, Eysenck, Skinner, Bandura,* 4., völlig neu bearb. Aufl. (Ernst Reinhardt: München, Basel, 2000), 96.

[34] S. Epstein, Cognitive-Experiental Self-Theory, 112.

[35] Ebd.

[36] „One is reminded of the centipede who forgot how to walk when asked to describe the order in which it moved its many feet". Ebd., 117.

Auch nach dem CEST-Modell gibt es Probleme, die aus unbewussten Konflikten entstehen. Epstein meint aber, dass die Psychoanalyse diese überbewertet habe und dass Verdrängung nichts weiter als eine gelernte Vermeidungsreaktion sei. „There is simply an area of experience that is problematic because it is dissociated, and therefore cannot be assimilated into the broader conceptual system of the individual."[37] Pathologische Probleme entstünden aber weniger aus dieser Tiefenschicht als aus „maladaptive preconsious cognitions."[38]

Fallbeispiel: Frau Abe weiß, dass sie in ihrer Jugend schlimme Missbrauchserfahrungen gemacht hat. Das belastet sie stark, veranlasst sie immer wieder zu fruchtlosen Grübeleien und ist ein wesentlicher Faktor für immer wieder auftretende depressive Episoden. Ihre zahlreichen Versuche, durch Gebet Heilung zu erfahren, blieben ergebnislos. In der Beratung zeigt sich, dass sie eine „panische" Angst davor hat, diese Erfahrungen überhaupt nur anzuschauen. Sie schließt die Augen davor. Die Beraterin führt mit ihr eine ABC-Analyse durch. Frau Abe erkennt die Irrationalität ihrer Angst. Ihr irrational Belief (iB) behauptet, sie könne das auf keinen Fall aushalten. Durch sokratisches Nachfragen wird deutlich, welche Horrofantasien sich unter dem Etikett „Nicht aushalten" verbergen: Sie müsse verrückt werden, in die Psychiatrie kommen, immer dort bleiben usw. Die Beraterin disputiert den iB mit Frau Abe. Dadurch wird die Angst so weit reduziert, dass Frau Abe sich entschließt, „das Fass aufzumachen". Nun beginnt endlich der Heilungsprozess.

1.5. Die Emotion als Weg zum Unbewussten

Epstein unterscheidet zwischen zwei *Denktypen*, „nämlich [...] zwischen Erfahrungsdenken und rationalem Denken. Diese werden als zwei fundamental verschiedene Wege der Wissensaufnahme angesehen, der eine beruht auf Gefühlen und Erfahrungen, der andere auf dem Intellekt."[39] Der Erfahrungsverstand beziehe seine Informationen intuitiv aus dem rational nicht unmittelbar zugänglichen *Erfahrungsgedächtnis.* „Im realen Leben tendiert man dazu, zuerst mit seinem Erfahrungsverstand und dann mit dem rationalen Verstand zu reagieren."[40] Für sozialkompetentes Verhalten komme es aber entscheidend auf den konstruktiven Dialog der beiden Verstandesweisen an.[41]

---

[37] Ebd., 116.

[38] Ebd., 117.

[39] L.A. Pervin, a.a.O., 111.

[40] Seymour Epstein, Archie Brodsky, *Sie sind viel klüger als Sie denken: Was man mit Intuition und Verstand erreichen kann,* aus d. Amerik. v. W. Goidinger (Droemersche Verlagsanstalt Th. Knaur Nachf.: München, 1994), 71.

[41] Die gelingende Integration von *rationalem Denken* und *Erfahrungsdenken* verbirgt sich hinter dem durch die Veröffentlichungen Daniel Golemans populär gewordenen Begriff „*Emotionale Intelligenz*". Daniel Goleman, *Emotionale Intelligenz*, aus de. Engl. v. F. Griese, 14. Aufl. (Deutscher Taschenbuch Verlag: München, 2001), 67-78. - „Es geht darum, das Herz zur rationalen Intelligenz hinzuzufügen". Daniel Goleman, Intelligenz mit viiiel Gefühl, in: Psychologie heute (1999) 4, 31. - Emotionale Intelligenz ist die Fähigkeit, integrativ Gefühle und Gedanken für Entscheidungsfindungen zu nutzen. Ellen Meywald, „Vernünftiges Denken ist ohne Emotionen nicht möglich", Interview mit Kassler Forschergruppe, in: Psychologie heute (2001) 5, 14.

Wenn eine Erfahrung „emotiv bewertet wird", beinhalte das notwendig, „daß die bewertungsthematischen Ereignisse als bedürfnisrelevante empfunden werden", stellt die Emotionspsychologin Brigitte Scheele fest. Sie spricht in diesem Zusammenhang von „bedürfnisrelevante[n] Wertmaßstäbe[n]" und meint damit „subjektive Orientierungen, die, hergeleitet aus Subjektiven [sic!] Theorien des Selbstkonzepts, die motivationalen Ist- und Soll-Lagen des Individuums bestimmen", wobei sie sich auf Epstein bezieht. Ein Bedürfnis sei „als Manifestation einer relativ überdauernden Werthaltung" zu verstehen, „die die strukturelle Basis für die aktuelle [...] Bewertung vorliegender Phänomene [...] abgibt". Wiederum unter Hinweis auf Epstein behauptet sie, es sei möglich, „Emotionen als 'via regia' [...] des wissenschaftlichen Verstehens persönlichkeitszentraler, werthaltiger Selbstkonzeptionen und 'subjektiver Leitbilder' [...] zu modellieren."[42] „Der Begriffskern von Emotion ist notwendig und hinreichend bestimmt durch [...] kognitiv-bewertende Bewußtseinsinhalte."[43]

Epstein betont, dass die Wirklichkeitstheorien der Menschen einen *emotionalen* Hintergrund haben.[44] Das vorbewusste Erfahrungssystem vergleiche neue Erfahrungen mit bereits gemachten und bewerte sie dementsprechend als bedeutsam oder unwichtig. Beurteilt es sie als bedeutsam, so äußere sich das in einem Gefühl. Somit seien Gefühle die Indikatoren für die individuellen Werte einer Person und somit sei die Analyse der individuellen Emotionen

> „the royal road to a person's preconscious beliefs. Thus, one of the most effective ways of learning about the basic beliefs in a person's theory of reality is to examine the person's emotions. [...] The greater the emotional reaction a person has in a situation, the more it can be assumed that a significant belief in the person's theory of reality was implicated."[45]

Daraus folgert Epstein:

> „The recognition that preconscious cognitions are the usual effective stimuli that instigate emotions [...] has important implications for the control of emotions, for it follows that if cognitions instigate emotions, then by altering cognitions it is possible to change emotions."[46]

---

[42] Brigitte Scheele, *Emotionen als bedürfnisrelevante Bewertungszustände: Grundriß einer epistemologischen Emotionstheorie* (A. Francke: Tübingen, 1990), 40.
[43] Ebd., 98.
[44] Ebd., 119.
[45] S. Epstein, Cognitive-Experiental Self-Theory, 129.
[46] Ebd., 130.

Testfragen

Was ist neuropsychologisch mit „Bahnungen" gemeint?

....

....

Was sind motivationale Schemata?

....

....

Was sind automatische Gedanken aus neuropsychologischer Sicht?

....

....

Wie lassen sich selbstschädigende irrational Beliefs (iB) mit dem Modell der Bahnungen und motivationalen Schemata erklären?

....

....

Wie lassen sich die „Grundformen der Angst" (Riemann) auf die vier seelischen Grundbedürfnisse beziehen? Was folgern Sie daraus?

....

....

....

Welcher Bedürfnistyp sind Sie selbst?

....

Rufen Sie sich ein ABC in Erinnerung, das ein emotionales Problem mit einem Ihnen vertrauten eigenen iB repräsentiert. Beantworten Sie folgende Fragen dazu:

1.) Welches seelische Grundbedürfnis steckte hinter der emotionalen Sackgasse, in die Sie gerieten?

....

2.) Welcher im Lauf Ihres Lebens unangemessen gewordenen Bahnung sind Sie in der Situation womöglich zum Opfer gefallen?

....

....

3.) Wie hätte eine angemessene Erfüllung des betroffenen seelischen Grundbedürfnisses ausgesehen?

....

....

....

Wer sitzt im Chefbüro: Ich oder mein Gehirn?

Übung

Schließen Sie die Augen und beobachten Sie eine Minute lang, was Ihr Gehirn „ungefragt" produziert.

Wiederholen Sie das Experiment und experimentieren Sie damit, auf diese Angebote Ihres Gehirns Einfluss zu nehmen. Versuchen Sie z.B. sich abzulenken, die auftretenden Gedanken aufzunehmen und weiterspinnen, sie zu deuten, sie weiter fließen zu lassen, sie emotional zu verstärken, sie negativ oder postiv zu bewerten. Reflektieren Sie Ihre Erfahrungen. Vergegenwärtigen Sie sich möglichst genau, was sich in Ihnen abgespielt hat.

2. Der neurobiologische Determinismus

Der nordamerikanische Neurobiologe Benjamin Libet machte 1978 eine aufsehenerregende Entdeckung,[47] die danach zum Hauptargument solcher neurobiologischer Forscher wurde, die behaupten, das Ich sei nichts weiter als eine vom Gehirn erzeugte Ilusion. Diese Meinung ist sehr populär geworden. Libet fand experimentell heraus, dass der bewusste Willensentschluss eines Menschen nicht am Beginn einer motorischen Handlung steht, sondern dass ihm eine messbare Vorbereitungsphase vorausläuft, das sogenannte „Bereitschaftspotenzial".[48]

2.1. Das Bereitschaftspotenzial

Der vermeintlich freie Willensensentschluss folgt frühestens 300 Millisekunden nach der Entstehung des Bereitschaftspotenzials; nach weiteren ca. 200 ms folgt die Ausführung der intendierten Handlung.[49] Wenn zum Beispiel mit einer Elektrode am freigelegten Gehirn die Stelle an der Hirnrinde gereizt wird, die für das Heben eines Fingers aktiviert werden muss, kommt der Versuchsperson erst kurz *danach* der Gedanke, dass sie den Fingern heben *will* (Abbildung 04). Klaus Grawe erklärt:

> „Man kann also das subjektive Erlebnis eines Willensentschlusses durch 'künstlich' ausgelöste neuronale Aktivität herbeiführen. Das subjektive Erlebnis tritt einige hundert Millisekunden nach der elektrischen Reizung auf. Dies ist offenbar die Zeitspanne, die unser Gehirn braucht, um subjektive Erlebnisqualitäten herzustellen. [...] Unser Gehirn filtert diese offenbar durchgängige Verzögerung zwischen physiologischem Vorgang und

---

[47] Klaus Grawe, Psychologische Therapie, 331.

[48] Gerhard Roth, *Das Gehirn und seine Wirklichkeit: Kognitive Neurobiologie und ihre philosophischen Konsequenzen,* 5., überarb. Aufl. (Suhrkamp: Frankfurt a.M., 1997), 307f.

[49] Ebd., 308; Benjamin Libet, *Mind Time: Wie das Gehirn Bewusstsein produziert,* übersetzt v. J. Schröder (Suhrkamp: Frankfurt a.M., 2005), 159.

---

subjektivem Erleben jedoch aus. Wir haben das Gefühl, dass wir uns mit unserem Erleben auf der Höhe des Geschehens befinden."[50]

Grawe zieht daraus eine radikale, anthropologisch höchst signifikante Konsequenz:

> „[B]eim Handeln wird uns eine Urheberschaft vorgegaukelt, die so, wie wir sie erleben, nicht besteht. Wir müssen uns von der Vorstellung verabschieden, dass das, was wir als unser Ich erleben, das zentrale Steuerungsorgan unseres Lebens und Seelenlebens ist. Unser Ich-Erleben ist eine Erlebnisqualität wie der Geschmack von Zitronenlimonade. [...] Unser Ich-Erleben ist eine emergente Qualität aus der Gesamtheit der neuronalen Prozesse, die in uns ablaufen. Unser Ich ist nicht der Überwacher und Herrscher über diese Prozesse, sondern ihr Produkt."[51]

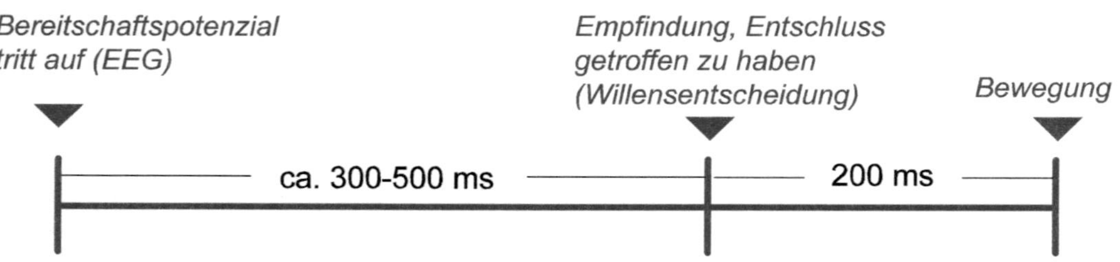

Abbildung 04: Das Bereitschaftspotenzial

Der Hirnforscher und Philosoph Gerhard Roth, auf den Grawe sich in diesem Zusammenhang bezieht,[52] äußert sich ähnlich radikal:

> „Die Libet'schen Versuche zeigen deutlich: Das Gefühl des Willensentschlusses ist nicht die eigentliche Ursache für eine Handlung, sondern eine *Begleitempfindung*, die auftritt, nachdem corticale Prozesse begonnen haben. [...]. Ein Fazit aus diesen Untersuchungen und Erkenntnissen könnte lauten: Die Autonomie menschlichen Handelns ist nicht im subjektiv empfundenen Willensakt begründet, sondern in der Fähigkeit des Gehirns, *aus innerem Antrieb* Handlungen durchzuführen. Das Gehirn oder besser: der

---

[50] K. Grawe, Psychologische Therapie, 331. Nach Libet ist Bewusstsein „das emergente Resultat geeigneter neuronaler Aktivitäten [...], wenn diese eine Mindestdauer von bis zu 0,5 sec haben." B. Libet, Mind Time, 95. Daraus folgt: „[D]ann ist unser Bewusstsein unserer Sinneswelt wesentlich verzögert im Verhältnis zu dem tatsächlichen Auftreten sinnlicher Ereignisse. Wessen wir uns bewusst sind, hat schon eine halbe Sekunde vorher stattgefunden. Wir sind uns nicht des wirklichen Moments der Gegenwart bewusst. Wir kommen immer ein wenig zu spät." Ebd., 99. Aber wir haben den subjektiven Eindruck der Gleichzeitigkeit, weil die Sinneswahrnehmungen automatisch auf den Zeitpunkt des unmittelbaren Reizes zurückdatieren. Ebd., 107; vgl. 122f. So werden auch visuelle Eindrücke erst sozusagen im Nachhinein zu vollständigen Bildern zusammengebaut. Ebd., 111. Das Rohmaterial des Sinneseindrucks bzw. Willensimpulses wird also vom Gehirn automatisch zunächst in eine passende Erscheinungsweise (Raum und Zeit) transformiert, bevor es an die Oberfläche des Bewusstseins gelangt. Vgl. ebd., 112. Diese Transformationen lassen sich anscheinend nicht durch neuronale Mechanismen erklären. Ebd., 117f. - Von dorther kann sich Libet auch das Phänomen der Verdrängung als eines Nicht-Zulassens von Bewusstseinsinhalten erklären: „Vorausgesetzt, es gibt eine solche unbewusste Modifikation der Inhalte, deren wir uns bewusst werden, dann muss es eine bestimmte Verzögerung des Bewusstseins geben, während der sich eine solche subjektive Veränderung vollziehen kann." Ebd., 100.
[51] K. Grawe, Psychologische Therapie, 331f.
[52] Ebd., 330.

ganze Mensch ist also das autonome System, nicht das empfindende Ich."[53]

Nicht minder radikal sind die scheinbar stringent logischen Folgerungen daraus. Wenn wir ihnen folgen, bleibt von der Kognitiven Therapie und Seelsorge nur noch ein illusionistisches Kasperltheater übrig.

2.2. Ich bin nicht mein Selbst

Diesen Forschern unterläuft eine fatale Begriffsverwechslung: Sie identifizieren „Selbst" und „Ich". Damit fädeln sie aber eine erkenntnistheoretische Unmöglichkeit ein. Erkenntnistheoretisch unmöglich bedeutet: undenkbar! Semantisch kann „ich" nicht ojektiviert werden. Ich kann mich selbst betrachten, aber ich kann nicht mein Ich betrachten. „Selbst" ist ein reflexives Wort, „ich" ist ein nicht-reflexives.

Descartes hatte erkenntnistheoretisch ganz recht, wenn er sagte: „Ich denke, also bin ich." *Immanuel Kant* (1724-1804) hat das in seiner „Kritik der reinen Vernunft" völlig bestätigt und damit eine erkenntnistheoretische Ausgangsposition geschaffen, hinter die wir nicht mehr zurück kommen. Seit Kant wissen wir, was wir wissen können. Und das ist: Nur das, was wir denken können. Und das, was wir denken können, ist unverrückbar festgelegt durch die Grundkategorien Raum und Zeit. Wir können nur räumlich und zeitlich denken. Zeitliches und Räumliches und definitiv nichts sonst (sei es auch noch so wundersam und religiös) nehmen unsere Sinne in diesem biologischen Dasein wahr, nichts sonst.

Mit einem anderen Begriff: Alles, was wir wahrnehmen, erkennen wir gegenständlich; mit dem Fremdwort: als Objekt. Auch jedes andere Subjekt wird uns zum Objekt, außer einem: Ich. Es ist schon ein sprachlicher Kunstgriff, semantisch eigentlich nicht korrekt, wenn wir *das* Ich" sagen, Denn „Ich" ist kein Neutrum. Dass „der Ich" oder „die Ich" keinen Sinn macht, ist selbstevident. Da streichen wir den Artikel einfach rot durch: Sprachlich falsch! Durch die Verwendung des Neutrums „das Ich" mogeln wir uns durch. „Ich" ohne Artikel muss es korrekt heißen. Der Grund ist einfach: Weil es das wesenhafte Ich nur ohne Artikel gibt. Weil „Ich" per definitionem nicht Objekt, sondern ausschließlich Subjekt ist. Es gibt „das Ich" nicht, aber es gibt *mich*.

Der materialistische Reduktionismus, der nur glaubt, was man messen und wiegen kann (also nur Zeit-Räumliches),[54] will das nicht akzeptieren und bemüht sich darum, „das Ich" zu objektivieren, was nicht möglich ist, weil Ich niemals Objekt werden kann. Daraus folgen Unsinnigkeiten wie der Satz „Ich bin mein Gehirn". Ich bin so wenig mein Gehirn wie mein großer Zeh. Aber mein Gehirn

---

[53] G. Roth, Das Gehirn und seine Wirklichkeit, 309f. - Weitere führende Protagonisten des radikalen neurobiologischen Determinismus sind Wolfgang Prinz und Wolf Singer. Prinz behauptet, es stehe fest, „daß unser bewußter Willensimpuls so etwas wie ein Ratifizieren einer Entscheidung ist, die das Gehirn schon getroffen hat." „Die Idee eines freien menschlichen Willens ist mit wissenschaftlichen Überlegungen prinzipiell nicht zu vereinbaren." Wolfgang Prinz, Der Mensch ist nicht frei: Ein Gespräch, Interview in: Christian Geyer (Hg.), *Hirnforschung und Willensfreiheit: Zur Deutung der neuesten Experimente* (Suhrkamp: Frankfurt a.M., 2004), 22f.

[54] Korrekt gesagt: Der nur das als mögliches Seiendes akzeptiert, was man messen... kann.

---

ist ein Teil meines Selbst, möglicherweise der allerwichtigste und völlig dominierende Teil.

Der materialistische Reduktionismus mag sich drehen und wenden, wie er will, er kann es nicht ändern, dass ich trotz aller neurobiologischen Erkenntnis ein Geheimnis bleibe, jenseits des empirischen Zugriffs. Ich sehe, aber ich sehe nicht mein Sehen, so genau man gehirnwissenschaftlich auch das Sehorgan untersuchen kann. Ich nehme mich selbst im Denken wahr, aber das, was ich wahrnehme, ist nur die raum-zeitliche Erscheinung meiner selbst, nicht mein wahres Wesen schlechthin, es ist mein Dasein, nicht mein Sein. Wir stehen damit vor Grundfragen der Philosophie seit jeher:

> - Wie ist das Dasein auf das Sein bezogen?
> - Was können wir über das Dasein wissen, was über das Sein?

Dass es kein Dasein ohne Sein gibt, keine Existenz (lat. exsistere = heraustreten) ohne Essenz (Sein), ist in der Philosophiegeschichte kaum in Frage gestellt worden. Der biologistische Neurobiologismus traut sich, es im Blick auf den Menschen (und um den geht es ja nun einmal in der Philosophie vor allem) dennoch zu tun: Man erklärt dort die Existenz zum Sein.

„Ich existiere" bedeutet ganz im Wortsinn: Ich rage aus der Ewigkeit in die Zeitlichkeit hinein. Jeden Augenblick kann ich in die Ewigkeit zurückgeholt werden. Dazu sagt man „Tod". Die Ewigkeit ist stets der Hintergrund meines Blickfelds. Könnte ich mich umwenden, wäre ich dort. Das Zurückgeholtwerden ist die Wendung von der Zeit-Räumlichkeit in die Ewigkeit. Weil ich in dieser Existenz nur raum-zeitlich wahrnehmen kann, ist das Sein, aus dem heraus ich existiere und in das hinein ich zurückgehen werde, Glaubenssache, und die Gegenstände des Glaubens sind unvollkommen, weil sie Ewiges meinen und sich doch nur raum-zeitlich sagen und denken lassen.

Aber auch das Selbst wollen wir nicht einfach dem neurobiologistischen Seziermesser überlassen. Die immer wieder aufgeführte Feststellung, es sei gar nicht als ein Ganzes vorhanden, sondern es sei die Synthese verschiedener Gehirnvorgänge, bezeugt, dass es in seinem Wesen gar nicht verstanden wird. Denn das Selbst gewinnt seine Identität nur durch die unmittelbare Bezogenheit auf das Ich. Dadurch ist es aber wie das Ich nicht mehr die Summe seiner Einzelteile, sondern ein unteilbares Ganzes (lat. individuum). Je mehr wir zu uns selbst kommen, desto kongruenter werden Ich und Selbst. Unsere Identität besteht in in diesem holistischen Verhältnis, das wir zu uns selbst haben. Das Selbst vom Ich loszukoppeln und es auf Gehirnvorgänge zu reduzieren, bedeutet, Teile mit dem Ganzen gleichzusetzen. Selbstreflexivität bedeutet: Ich bin angewiesen darauf, welches Bearbeitungsmaterial mein wesentlich im Gehirn repräsentiertes Selbst mir anbietet - es gibt mich nicht in der Raum-Zeitlichkeit ohne meine Selbst. Ich beurteile und bewerte dieses Material mitsamt den bereits darin eingegangen Urteilen und nehme durch Willensentscheidungen darauf Einfluss. Das sind Entscheidungen, die auch Handlungskonsequenzen nach sich ziehen. Diese werden wiederum mitsamt ihren (selektiv) wahrgenommenen Auswirkungen vom Gehirn gespeichert, woraus wiederum neues Arbeitsmaterial für mich entsteht. Ich kann nicht verhindern, dass es mir in den Sinn kommt und sich mir dadurch anbietet, aber ich kann entscheiden, wie ich damit umgehe.

Ist das nicht-reflexive Ich vielleicht identisch mit dem Geist und das reflexive Selbst mit Seele und Leib? Der Geist, so sagt Jesus im Johannesevangelium, ist zwar an seinem Wirkungen erkennbar, aber seine Herkunft lässt sich nicht ergründen.[55] Das ließe sich recht gut auf das Verhältnis von Ich und Selbst übertragen: Das Ich ist unsichtbar und unergründbar, es ist Sein und bleibt als solches Geheimnis, aber es es wirklich, reflektierbar, im Selbst. Seele und Leib lassen sich im Raum-Zeit-Kontinuum beschreiben und messen, nicht aber der Geist. Von daher ist es immerhin verständlich, wenn auch nicht weise, wenn viele seine Existenz grundsätzlich bestreiten.

2.3. Das Geist-Seele-Leib-Problem

Der Metaphysiker Godehard Brüntrup hat die heutigen Hauptrichtungen der Geist-Seele-Leib-Auffassungen in der Wissenschaft zusammengestellt:[56]

Aktuelle wissenschaftliche Positionen zum Leib-Seele-Problem

Dualismus	„Es gibt mentale Entitäten. Sie gehören einem vom Bereich physischer Entitäten unabhängigen Bereich an." Das Phänomen des Geistes ist „real, relevant und wirklich rätselhaft." Es gibt zwei Varianten: a) „Seine Aufklärung könnte nur durch eine grundlegende Reform der bekannten Erklärungsschemata erfaßt werden." (John C. Eccles[57]). b) Das Phänomen des Geistes „bleibt prinzipiell rätselhaft und kann durch kein menschliches Erklärungsschema erfaßt werden."
Nichtreduktiver Physikalismus	„Es gibt mentale Entitäten. Sie gehören nicht einem vom Bereich physischer Entitäten unabhängigen Bereich an. Sie sind abhängig von ihnen zugrundeliegenden physischen Entitäten, ohne jedoch vollständig auf diese reduzierbar zu sein." Das Phänomen des Geistes ist real und nicht unbedingt vollständig naturwissenschaftlich erklärbar.
Reduktiver Physikalismus	„Es gibt mentale Entitäten. Sie gehören nicht einem vom Bereich physischer Entitäten unabhängigen Bereich an. Sie sind abhängig von ihnen zugrundeliegenden physischen Entitäten und können vollständig auf diese reduziert werden." Das Phänomen des Geistes ist real, aber es kann „im Rahmen der bekannten wissenschaftlichen Erklärungsschemata aufgeklärt werden."
Eliminativer Physikalismus	„Es gibt keine mentalen Entitäten." Das Phänomen des Geistes ist nicht real und wird darum eliminiert.

In christlichen Kreisen spricht man oft von der dreidimensionalen Ganzheitlichkeit des Menschen „nach Geist, Seele und Leib", in der Praxis verbirgt sich dahinter aber in der Regel ein unreflektiertes Stufendenken: Der Geist ist das Höchste und Wichtigste, insbesondere, wenn er heilig gedacht oder gesprochen ist, der Leib ist auch wichtig (das zu betonen werden wir heutzutage nicht müde), aber nicht so sehr, und außerdem ist er auch schwierig. Wenn wir sterben,

---

[55] Joh 3.

[56] Godehard Brüntrup, *Das Leib-Seele-Problem: Eine Einführung*, 2. Aufl. (Kohlhammer: Stuttgart, 2001), 21, 131f.

[57] Vgl. unten.

löst sich die Geist-Seele vom Leib, der bleibt zurück und zerfällt. Wir glauben an die leibliche Auferstehung der Toten, aber weniger aus Überzeugung als des Dogmas wegen: Es steht eben so geschrieben. Eine sorgenfrei unbeschwerte körperlose Existenz hoch oben mit den Engeln sähen wir wohl kaum als die schlechtere Alternative an.

Wissenschaftstheoretisch passen solche Unterscheidungen von Geist, Seele und Leib überhaupt nicht in unsere Zeit. Sie entsprechen dem in der Tabelle oben aufgeführten dualistischen Verständnis. Das wissenschaftliche Menschenbild heute ist hingegen ganz überwiegend materialistisch physikalistisch. Der Möglichkeit, dass es Geist gibt, wird meist zumindest mit großer Skepsis begegnet.

Die Frage ist: Wenn es einen vom Leib mehr oder weniger unabhängigen Geist gibt, wie kann er dann auf das Gehirn einwirken? Wie kann ein Gedanke, sofern er geistig ist, zur Tat werden? Brüntrup stellt fest, dass es sich „trotz jahrtausendelanger kognitiver Bemühung noch immer unserer Kenntnis" entzieht, „[w]ie sich der mentale Bereich des Denkens und Erlebens zum physischen Bereich der fundamentalen kausalen Wechselwirkungen verhält."[58]

> „Zwischen Gehirn und Geist klafft eine explanatorische Kluft, es gibt einen Nebel zwischen den fundamentaleren Regionen des Physischen und dem darauf aufbauenden mentalen Leben, der dem verstehenden Blick die Sicht versperrt. Das bedeutet nicht, daß es diesen Nexus zwischen Gehirn und Geist nicht gibt, sondern nur, daß wir an eine Grenze unseres Begreifens gestoßen sind."[59]

Die Wissenschaft befinde sich wohl in einer „ausweglosen Lage"; der Verdacht dränge sich auf, „daß eine Lösung des metaphysischen Leib-Seele-Problems für die menschliche Vernunft unmöglich ist."[60] In der Gleichzeitigkeit der Abhängigkeit des Lebens von physikalischen Kausalketten einerseits und „der Erfahrung der sittlichen Verantwortung und der Schuld" andererseits besteht nach Brüntrup ein unüberbrückbarer Gegensatz zweier gleichermaßen plausibler Selbstbilder des Menschen.[61] „Welches der beiden Selbstbilder auch wahr sein mag, das jeweils andere scheint auf einem Irrtum zu beruhen."[62] Wie bei einem Vexierbild (Kippbild) sei es uns nur möglich, von der einen zur anderen Anschauung zu springen, zusammenschauen könnten wir die beiden Wirklichkeiten nicht. Sollte die dualistische Position zutreffen, so Brüntrup, dann könne möglicherweise „nur ein uns überlegenes, vielleicht sogar allwissendes Wesen den kausalen Nexus zwischen Körper und Geist begreifen."[63]

---

[58] Ebd., 132.
[59] Ebd., 133.
[60] Ebd., 132.
[61] Ebd., 11.
[62] Ebd., 12.
[63] Ebd., 134, vgl. 138.

2.4. Eccles' Lösungsversuch

Der Medizin-Nobelpreisträger (1963) John C. Eccles (1903-1997) behauptete, dass nicht-physikalische Willenskräfte denkbar seien, die auf neuronale Rezeptoren einwirken könnten, von denen sie in Energie umgesetzt würden.[64] Eccles, der es sich zum Ziel gesetzt hatte, „den Materialismus herauszufordern, vom Thron zu stoßen und das geistige Selbst als Herrscher im Gehirn wiedereinzusetzen",[65] befand, dass die Physikalisten nicht begründen könnten, wie mentale Ursachen neuronale Wirkungen hervorrufen.[66] Dem Einwand, dass die Annahme von ausser-empirischen Ursachen gegen das Erhaltungsgesetz der Physik[67] verstoße, entgegnete er, dass dies dem Forschungstand im 20. Jahrhunderts nicht mehr entspreche. Die Quantenphysik habe gezeigt, dass es den Wirklichkeitsbereich des Wahrscheinlichkeitsfeldes gebe, der weder Masse noch Energie enthält, „aber trotzdem erfolgreich auf Mikro-Systeme einwirken" kann.[68] Um einen ähnlichen Bereich müsse es sich auch beim Geist handeln.[69] Die Quantenphsyik ermögliche ein Verständnis davon, „wie der Geist ohne Aufwand von Energie in Wechselbeziehung mit dem Gehirn tritt"[70], nämlich durch einen rein informativen „präsynaptischen Impuls".[71]

Den physiologischen Ansatzpunkt für die Wechselwirkung von Geist und Gehirn fand Eccles in der Quantenselektion der Bouton-Exozytose[72] an den Dornsynapsen der Pyramidenzelle (Abbildung 5), des wichtigsten Zelltyps der Hirnrinde, der seinen Namen von der pyramidenartigen Form hat.[73] Dornsynapsen sind dornartige Auswölbungen an faserig verzweigten Fortsätzen der Nervenzellen, den Dendriten,[74] die zum Zweck der Reizübertragung in unmittelbarem Kontakt zu anderen Nervenzellen stehen. Boutons sind

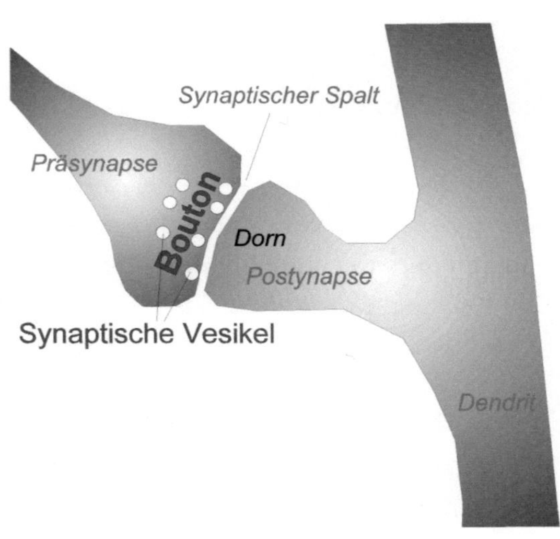

Abbildung 5: Bouton-Exozytose

---

[64] John C. Eccles, *Wie das Selbst sein Gehirn steuert,* aus d. Engl. v. M. Heim, 2. Aufl. (Piper: München, Zürich, 1997), 109f, 253f. Auch Libet meint, die Möglichkeit sei nicht ausgeschlossen, „dass physikalische Ereignisse einer äußeren ‚geistigen Kraft' auf der Mikroebene unterliegen, und zwar auf eine Weise, die nicht beobachtbar oder feststellbar ist." B. Libet, Mind Time, 195f.

[65] J.C. Eccles, a.a.O., 12.

[66] Ebd., 111, 258.

[67] Demnach bleibt in einem abgeschlossenen System die Gesamtmenge der Energie konstant.

[68] J.C. Eccles, a.a.O., 75.

[69] Ebd., 113.

[70] Ebd., 243.

[71] Ebd., 118.

[72] J.C. Eccles, a.a.O., 213ff.

[73] Ebd., 276.

[74] Ebd., 273.

> „kleine Enderweiterungen der präsynaptischen Nervenfaser an einer Synapse. Wenn die Boutons durch einen Nervenimpuls erregt werden, kommt es unter Umständen zur Entleerung [...] des sogenannten 'synaptischen Vesikels'. Synaptische Vesikel sind [...] Membranbläschen an präsynaptischen Nervenenden."[75]

Ihre Entleerung wird „Exozytose" genannt.[76] Die Bläschen sind mit Neurotransmittern gefüllt, die bei der Entleerung in den synaptischen Spalt hinein ausgeschüttet werden.[77] Die Bouton-Exozytose setzt jeweils probalistisch ein,[78] das heißt in nicht determinierbaren Abständen, die anscheinend nur quantenmechanisch als Wirkung eines Wahrscheinlichkeitsfeldes zu begreifen sind.[79]

> „Eccles' Hypothese der Wechselwirkung von Geist und Gehirn lautet: Mentale Ereignisse können über quantenmechanische Effekte die Emission aus Membrambläschen an Nervenenden im Gehirn ändern, ohne daß dabei die Erhaltungssätze der Physik verletzt werden. Auf diese Art und Weise kann ein mentales Ereignis wie ein willentlicher Vorsatz über die üblichen neuronalen Schaltkreise die gewünschten Gehirnreaktionen hervorrufen. Mentale Ereignisse veranlassen dabei nicht direkt eine erregende Aktivität an einer Kontaktstelle zwischen Nervenzellen, sondern sie verändern die *Wahrscheinlichkeit* der Emission einer Transmittersubstanz."[80]

Eccles vermutete

> „die Existenz von mentalen Entitäten (Psychonen), die Vesikel für die Exozytose auswählen. Alle komplexen mentalen Ereignisse und Zustände sind demnach aus diesen elementaren mentalen Entitäten zusammengesetzt. Jede dieser elementaren Einheiten (jedes Psychon) ist nach der Hypothese wechselseitig mit einem Dendron verbunden. Ein Dendron ist eine funktionelle Einheit, die durch Bündelung bäumchenhafter Verweigungen an Pyramidenzellen entsteht."[81]

Der Zugriff Eccles' auf die Quantenphysik ist gewiss interessant und elegant, er mag auch seine partielle Berechtigung für die Erforschung der Kausalität von Phänomenen haben, die jetzt noch im Bereich des Paranormalen liegen. Gleichwohl hat Eccles sein hehres Ziel, den Materialismus vom Thron zu stoßen, damit nicht erreicht. Denn er bleibt im Ursache-Wirkung-Modell der Raum-Zeitlichkeit befangen.

---

75 G. Brüntrup, a.a.O., 53.
76 Ebd., 54.
77 Ebd., 53.
78 Ebd., 54.
79 J.C. Eccles, a.a.O., 215.
80 G. Brüntrup, a.a.O., 53.
81 Ebd. 54; J.C. Eccles, 138f, 166ff.

2.5. Das Problem des kausalen Nexus

Eccles vertritt einen cartesianischen Dualismus.[82] Descartes hatte angenommen, dass die Wirklichkeit aus drei Substanzen besteht: Materie, Geist und Gott. Er glaubte, dass zwischen ihnen Kausalwirkungen im physikalischen Sinn geschähen. Aufgrund des neurobiologischen Kenntnismangels seiner Zeit lokalisierte er die kausale Schnittstelle zwischen Geist und Leib in der Zirbeldrüse. Eccles macht im Grunde genommen nichts anderes, nur mit ungleich genauerer physikalischer und neurologischer Kenntnis.

Damit folgt er zwar im Gegensatz zum physikalistischen Reduktionismus einer altehrwürdigen philosophischen Tradition, aber er baut dadurch auch deren Problem neu auf, nämlich die Trennung von Geist und Leib, wodurch dem Geist eine leib-unabhängige Souveränität zugesprochen wird, dem Leib aber Begrenztheit und Vergänglichkeit.

Wenn wir von einer Dreidimensionalität des Menschen „nach Geist, Seele und Leib" sprechen, sollten wir uns aber nicht wie Descartes drei kausal aufeinander wirkende Substanzen darunter vorstellen. Das wäre nicht mehr Drei*dimensionalität*, sondern Drei*schichtigkeit* und somit nichts weiter als die Umkehrung des Materialismus: Hier dominiert der Leib; Seele und Geist werden nur (sofern es sich nicht vermeiden lässt) in völliger Abhängigkeit des Leibes gedacht; dort dominiert der Geist, und den Leib könnte man sich eigentlich auch sparen, wenn es ginge. Aber brauchen wir überhaupt die Theorie eines „kausalen Nexus"?

Nein, eine kausale Abhängigkeit zwischen Geist und Gehirn muss gar nicht angenommen werden, schon gar nicht eine Abhängigkeit des Geistes vom Gehirn: Mein Gehirn fabriziert nicht meinen Geist; es ist vielmehr umgekehrt: Ich denke meine Gehirn![83] Doch nicht so, dass mein Gehirn ein gedankliches Produkt meines Geistes sei, sondern so, dass ich mich selbst gar nicht anders wahrnehmen kann. Wahrnehmen und machen sind zweierlei Dinge. Ich kann mich selbst nicht anders wahrnehmen, weil ich nur raum-zeitlich und kausal wahrnehmen kann. Ich habe keine andere Vorstellungsmöglichkeit von dem, was ist. Kein Mensch kann etwas sagen über das eigentliche Wesen des Gehirns, denn was uns vom Gehirn begegnet, ist nichts weiter als eine Vorstellung in Raum und Zeit. Ich denke, also bin ich - weiter kommen wir nicht in der Festellung von objektiven Tatsachen - *wissenschaftlich* also. Ich denke - unter anderem denke ich mein Gehirn. Das heißt: Es taucht in meiner Vorstellung auf und formt sich dort. Und nur dort! Es existiert wie alle Dinge für uns ausschließlich als Vorstellung. Vorstellung ist das, was sich vor uns stellt, anders gesagt: was uns entgegen steht. Das bedeutet: Alle Vorstellung ist *gegen-ständlich* und alle Gegenstände

---

[82] Es sei nicht verschwiegen, dass er diese Ansicht mit dem berühmten Philosophen Karl Popper teilte, der mit ihm zusammen ein Buch mit dem bezeichnenden Titel „Das Ich und sein Gehirn" schrieb. Karl R. Popper, John C. Eccles, *Das Ich und sein Gehirn*, 2. Aufl. (Piper: München, Zürich, 1982).

[83] Libet sagt in einem fiktiven Gespräch mit Descartes: „Ihrer Ansicht nach könnte die Substanz der Geist-Seele sogar existieren, wenn es keine körperliche Substanz gäbe; tatsächlich haben Sie bemerkt, dass die Existenz Ihres denkenden Geistes die einzige Sache ist, die Sie nicht bezweifeln, während man bezüglich der Existenz des Körpers keine entsprechende Gewissheit haben kann." B. Libet, Mind Time, 239. Vgl. Ulrich Beuttler, Freier Wille oder neuronale Determination? Theologische Überlegungen zum Willensbegriff der Gehirn-Geist-Debatte, in: Theologische Beiträge (2007) 2, 68.

---

existieren nur als Vorstellung. Erinnern wir uns: Das Fremdwort für Gegenstand lautet „Objekt" und das für die gegenständliche Vorstellung oder die Vorstellung von Gegenständen, wie man will, heißt „Objektivität". Nicht vorstellbar ist das Subjektive. Ich bin das Subjektive. Der Satz „Ich *ist* das Subjektive" wäre eigentlich ein Widerspruch in sich selbst, weil darin das Subjektive Objekt ist. Das Problem einer dualistischen Sichtweise wie bei Eccles ist spiegelbildlich zum Problem der physikalistischen Modelle: Das Subjektive wird zum Objekt gemacht.

Das Verhältnis zwischen dem Subjektiven und dem Objektiven ist paradox:

vorstellbar	nicht vorstellbar
gegenständlich	nicht gegenständlich
objektiv	subjektiv
empirisch	nicht empirisch
sinnlich	geistig
relatives („subjektives") Wissen	reines („objektives") Wissen

Das Paradoxe daran ist, dass es sich bei allem, was wir uns vorstellen können, was uns ganz konkret gegenständlich zur Verfügung steht, was wir messen und wiegen können, also empirisch untersuchen können, was wir mit dem Sinnen wahrnehmen können, nur um *relatives* Wissen handelt. Die „Sachlichkeit" des empirischen Wissens ist also nie völlig sachgemäß, nie die ganze Wahrheit. Umgekehrt ist das rein Subjektive, das sich in keiner Weise gegenständlich darstellen, sondern nur bezeugen lässt, das einzige reine und damit sozusagen wirklich „objektive" Wissen. Es ist das Wissen der empirisch nicht zugänglichen *inneren Gewissheit. Johann Gottlieb Fichte* (1762-1814) hat dieses Wissen als *Gewissen* identifiziert.[84]

Gewiss, der „Nexus" nach Eccles ist keine Kausalwirkung im klassisch physikalischen Sinn. „Das Quantenpotential wirkt nicht wie eine klassische Kraft. [...] Es handelt sich dabei also nicht um etwas im klassischen Sinne Materielles, sondern um eine Art Informationsfeld", erklärt Brüntrup.[85] Das sei ähnlich wie bei einem Schiff, das durch Radarwellen gelenkt wird. Diese werden in den Bordcomputer eingegeben, „und das Schiff ändert seine Richtung entsprechend der *Information,* die in den Radarwellen enthalten ist. [...] Es ist der Informationsgehalt, der hier als solcher und unabhängig von einer klassischen Kraft kausal wirksam ist."[86]

Libet denkt in dieser Hinsicht ähnlich. Nach seiner Meinung liegt die beste gehirnphysiologische Erklärung für das Vorhandensein von handlungsbestimmenden Gründen in der Annahme eines *mentalen Feldes.* Er folgt damit dem Neurobiologen *Roger Sperry.*[87] Dieser schlug die Annahme eines „bewussten mentalen Feldes" (BMF) vor,

---

[84] Johann Gottlieb Fichte, *Die Bestimmung des Menschen,* hg. u. mit einem Nachwort versehen v. T.Ballauf u. I.Klein (Philipp Reclam jun.: Stuttgart, 1981 [1800]); vgl. Edith Düsing, *Fichtes Praktische Philosophie,* Fakultät für Kultur- und Sozialwissenschaften (FernUniversität Hagen, 2014), 165ff, 189ff.

[85] G. Brüntrup, a.a.O., 147.

[86] Ebd., 147.

[87] 1913-1994; Nobelpreisträger 1981.

„das durch geeignete, aber vielfältige neuronale Aktivitäten des Gehirns erzeugt wird. Ein solches Feld würde eine Kommunikation innerhalb der Gehirnrinde ohne neuronale Verbindungen und Bahnen ermöglichen. [...] Das BMF wäre [...] die Entität, in der eine einheitliche subjektive Erfahrung gegenwärtig ist. [...] Man kann sich das BMF als analog zu bekannten physikalischen Kraftfeldern vorstellen. Ein Magnetfeld wird beispielsweise dadurch erzeugt, dass ein elektrischer Strom durch einen Leiter fließt."[88]

Wenn solche eleganten Umgehungen physikalischer Kausalwirkungen auch für die Erklärung von Phänomenen zutreffend sein mögen, die uns noch übernatürlich vorkommen, weil sie noch nicht erforscht sind, liegt ihnen doch die objektivierende cartesianische Anschauung zugrunde, dass Geist und Gehirn zwei getrennte Seinswirklichkeiten seien, die durch irgendeinen „Nexus" verbunden sein müssen, um überhaupt interagieren zu können. Der Dualismus wird dadurch jedenfalls nicht überwunden. Der Mensch wird als Zusammensetzung von Substanzen gesehen und nicht als ein unteilbares Ganzes.

2.6. Ross und Reiter

Repräsentiert durch Sigmund Freud steht zu Beginn der Psychotherapieentwicklung, der medizinischen Grundauffassung seiner Zeit entsprechend, ein mechanistisches Menschenbild.[89] Man kann den Eindruck gewinnen, dass der moderne Neuropsychologismus auf einer Linie mit der Psychoanalyse nach Freud liegt, wonach ja ebenfalls der Mensch nur meint, seine Entscheidungen seien souverän, während er tatsächlich von seinem Unterbewussten gesteuert wird. Tatsächlich unterscheidet sich Freuds Sicht in dieser Hinsicht aber doch deutlich vom neurobiologischen Determinismus. Er schreibt einmal:

> „Man könnte das Verhältnis des Ich zum Es mit dem des Reiters zu seinem Pferd vergleichen. Das Pferd gibt die Energie für die Lokomotion her, der Reiter hat das Vorrecht, das Ziel zu bestimmen, die Bewegung des starken Tieres zu leiten. Aber zwischen Ich und Es ereignet sich allzu häufig der nicht ideale Fall, daß der Reiter das Roß dahin führen muß, wohin es selbst gehen will."[90]

Das ist nicht nur humorvoll, sondern auch aus rational emotiver Sicht durchaus zutreffend: Unsere automatisierten irrational Beliefs verführen uns dazu, dass uns der Gaul durchgeht oder zumindest sich von uns nicht lenken lässt, wohin wir wollen.

---

[88] B. Libet, Mind Time, 212.

[89] „Man darf nicht vergessen, daß die klassische psychoanalytische Theorie ausdrücklich auf einer höchst materialistischen Anschauung von der Natur des Menschen beruht", erinnert Irvin Yalom. Nach Freud sei der Mensch „nichts als die Summe seiner Teile". Irvin D. Yalom, *Theorie und Praxis der Gruppenpsychotherapie: Ein Lehrbuch,* aus dem Amerik. v. G. Teusner-Stampa u. T. Junek, 5. Aufl. (Pfeiffer bei Klett-Cotta: München, 1999), 109f.

[90] Sigmund Freud, zit. in: L.A. Pervin,, a.a.O., 97. - Pervin kommentiert: „Freuds Ich ist also logisch, rational, kann Spannungen ertragen und ist die 'ausführende' Instanz der Persönlichkeit, aber es ist auch der arme Reiter auf dem schnellen Pferd des Es". Ebd.

Grundsätzlich können wir sagen, dass das Grundmodell des Verhältnisses von Kognition zu Emotion in der Kognitiven Therapie und Seelsorge aber auch durch die Ergebnisse der Hirnforschung sehr gut gestützt wird. Die Geister scheiden sich nicht an Frage, ob mentale und nicht-mentale Funktionen des Gehirns zu unterscheiden sind und ob es Wechselwirkungen zwischen beiden gibt, sondern an der Frage, ob überhaupt oder wie weit die mentale Tätigkeit des Gehirns auf eine mehr oder weniger große Willensfreiheit bezogen werden darf.

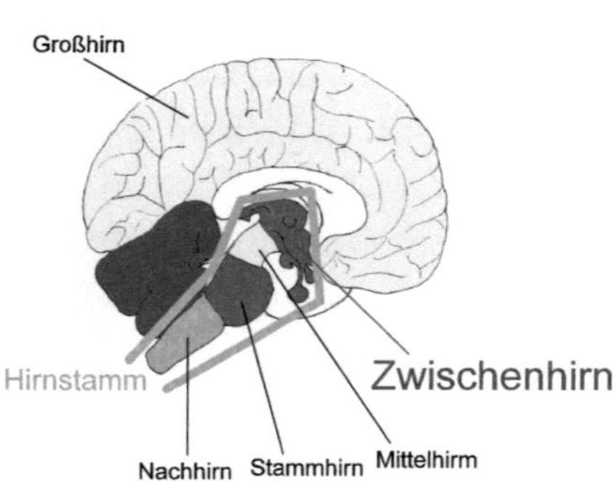

Abbildung 6: Großhirn und Zwischenhirn

Die Wechselwirkung von Gedanken und Gefühlen ist im Gehirn vor allem durch die Wechselwirkung des *Großhirns* (Neocortex; dort insbesondere der Präfrontale Cortex) mit dem *Zwischenhirn* (Abbildung 6) und dem *Limbischen System* repräsentiert. Das Limbische System ist ein Nervengeflecht mit vielen Schaltstellen, das sich ringförmig um das Zwischenhirn herum lagert. Zwischenhirn und Limbisches System spielen beim Zustandekommen von Emotionen die Hauptrolle.

Innerhalb des Limbischen Systems gibt es zwei vorrangige Produktions- und Bearbeitungsstätten von Gefühlen, die miteinander verbunden sind: Den *Mandelkern* (Amygdala) und den *Hippocampus* (Abbildung 7).

Der *Mandelkern* prüft unter Zugriff auf den emotionalen Gedächtnisspeicher des Hippocampus alle eingehenden Reize auf ihre emotionale Bedeutung. Wenn zum Beispiel traumatische Erinnerungen mit bestimmten Sinnesreizen verbunden sind (z.B. Töne), reagiert die Amygdala zunächst ohne Aktivierung des Bewusstseins dem Trauma entsprechend mit Angst. Sie löst durch eine hormonelle Kettenreaktion eine automatische *Stressreaktion* aus.[91]

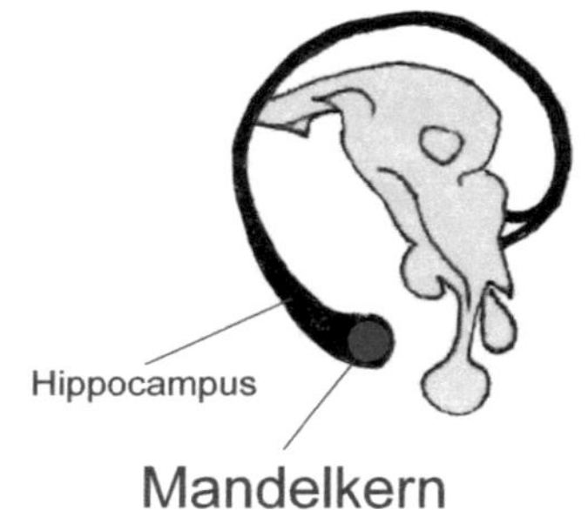

Abbildung 7:
Mandelkern und Hippocampus

Auch das Limbische System funktioniert also nach dem ABC-Schema, weil es Auslöser (A) bewertet (B) und daraus Konsequenzen (C) ableitet. Nur sind seine Bewertungsvorgänge sehr schnell und sehr unscharf. Unsere bewussten Bewertungen schließen sich diesen unbewussten erst an. Das bedeutet: Solche Gefühlsreaktionen treten schneller auf, als wir denken können (Abbildung 8). Biologisch ist das notwendig zum Überleben: Safety first! Aber es hat seinen Preis: Um die wenigen Situationen, in denen zum Beispiel eine Schreckreaktion lebensrettend ist, zu ermöglichen, nimmt es der Mandelkern in Kauf, auch in unzähligen Situationen, die völlig harmlos sind, Alarm zu schlagen.

---

[91] Näheres zu diesen Vorgängen im Zusammenhang mit Angstreaktionen s. Hans-Arved Willberg, *Keine Angst vor der Angst: Angststörungen - ihre Ursachen und wie man sie bewältigen kann*, 3. Aufl. (R. Brockhaus: Wuppertal, 2006 [2004]). Von dorther stammen auch die Grafiken dieses Abschnitts zum Teil.

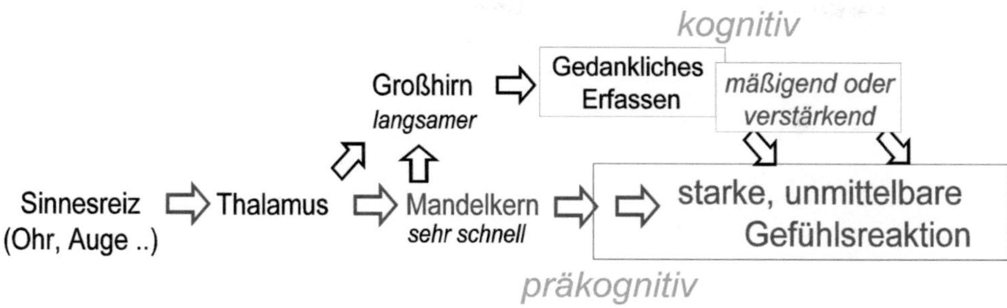

Abbildung 8: Die Weiterleitung der Sinnesreize durch den Thalamus (Bereich des Zwischenhirns) an Mandelkern und Großhirn und die Folgen daraus.

In der Regel ist das unproblematisch, weil bereits beim Eingang des Sinnesreizes der Thalamus auch ein Signal an den Präfrontalen Cortex im Großhirn gibt, wo sich unser bewusstes Bewertungs- und Entscheidungszentrum befindet. Umgangssprachlich ausgedrückt: Wir sind in der Lage, sehr bald unseren Verstand einzuschalten. Wir sind nicht gezwungen, „kopflos" zu reagieren. Wir können darum auch Verhaltensimpulsen, die unbewusst durch das Limbische System in uns entstehen, aufgrund einer sehr raschen kognitiven Bewertungsveränderung widerstehen. Wir können diese Impulse aber auch kognitiv verstärken, wenn wir zum Beispiel bewusst hinter dem unscharf wahrgenommenen Schatten, den uns der Mandelkern unbewusst als Bedrohung meldet, eine konkrete Lebensgefahr identifizieren. Es liegt auf der Hand, dass es auf die bewusste Intepretation des unbewusst Vorinterpretierten entscheidend ankommt. Ein Verhalten, das der angemessenen Interpretation von Wahrnehmungen entspricht, nennen wir vernünftig.

Unter „Sinneswahrnehmung" dürfen wir wohl alles verstehen, was uns auf irgendeine Weise „in den Sinn kommt". Wir werden uns das Zwischenhirn und das Limbische System als eine außerordentlich umtriebige Werkstatt von Sinneseindrücken vorzustellen haben, in der ohne Unterbrechung und mit hoher Intensität stets Neues produziert wird, das durch neue, von außen her kommende Wahrnehmung entsteht, Altes reproduziert wird, zum Beispiel Unverarbeitetes, um es bewusst weiter bearbeiten zu können, und alle möglichen Kombinationen von Gedächtnisinhalten und neuen Eindrücken hergestellt werden, wobei bereits abgespeicherte Lösungangebote für noch Unbewältigtes mitgeliefert werden. Wie in einem blubbernden Kochtopf steigen ständig neue Blasen aus dieser Werkstatt in unser Bewusstsein auf, manche von ihnen mit emotional besonders erregendem „Knalleffekt". Der Mandelkern spielt dabei eine zentrale, aber durchaus nicht souveräne Rolle: Er ist angewiesen auf das sogenannte *„Emotionale Gedächtnis"*, dessen zentrale Schaltstelle der *Hippocampus* bildet. Der Mandelkern greift zur Überprüfung der Sinnesreize via Hippocampus auf den Gedächtnisspeicher zu, um anhand ähnlicher Erfahrungen abzugleichen, welche emotionale Reaktion angemessen erscheint.

Eine psychische Störung ist meist als Folge eines nachhaltigen Stressproblems ungünstiger emotionaler Bewertungen wegen zu definieren. Das liegt daran, dass die unmittelbare emotionale Konsequenz immer dann, wenn der Mandelkern Bedrohliches signalisiert, in einer unangenehmen *Stressreaktion* besteht. Via *Hippothalamus* und *Hypophyse*, das sind weitere Teile des Zwischenhirns, setzt

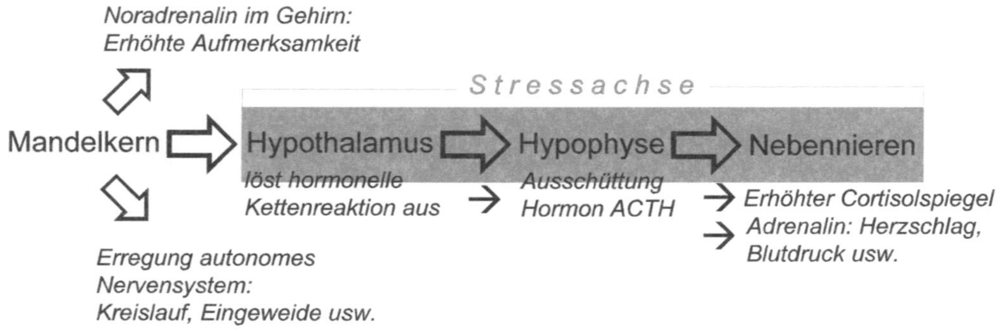

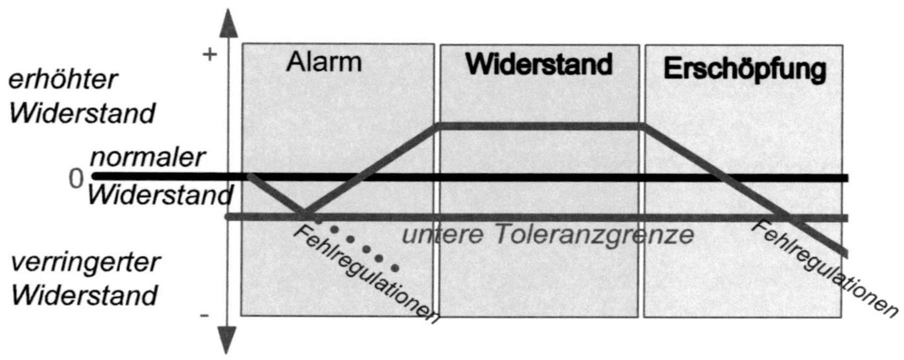

Abbildung 9: Die als „Stressachse" bezeichnete hormonelle Kaskade, die vom Mandelkern initiiert wird und zur Erhöhung des Cortisolspiegels führt.

der Mandelkern eine hormonelle Kaskade in Gang, die letztlich zur Erhöhung des *Cortisolspiegels* führt (Abbildung 9). Je stärker und nachhaltiger dieser erhöht ist, desto länger und intensiver müssen die darauf folgenden Phasen der Erholung sein, um ihn wieder zu senken. Unterbleibt der entspannende Ausgleich dauerhaft, stellen sich Folgeschäden wie etwa psychische Dekompensationen ein (Abbildung 10).

Abbildung 10: Fehlregulationen im Stressmanagement treten entweder im alarmierten Zustand oder im Anschluss an den als „Widerstand" bezeichneten Stresszustand auf, wenn der Bogen überspannt wurde. Solche Fehlreaktionen sind maßgeblich an der Entstehung psychischer Störungen beteiligt.

2.7. Der neurobiologische Anti-Dualismus

Die deterministische Neuropsychologie ist freudianischer als Freud. Freud, so meint Roth, sei als ein Kind seiner Zeit Rationalist gewesen und darum sogar der „Überschätzung der Rolle des Ich bei der Handlungssteuerung" erlegen.[92] Roth geht über Freud hinaus, indem er die relative Souveränität des im Ich repräsentierten Geistes gänzlich zugunsten des „Es" auföst. Das Ross beherrscht den Reiter völlig. Der Reiter ist nicht unsichtbar, sondern er ist Illusion. Es gibt ihn nicht.

Die Dominanz des mit dem Präfrontalen Cortex assoziierten Geistes bringt Roth durchaus nicht zu Unrecht in unmittelbare Analogie zu „einem bestimmten politischen Weltbild"[93], nämlich Gesellschaftsmodellen, in denen eine aristokratische Oberschicht herrscht. „Nach traditioneller Auffassung" sei „das bewusst

---

[92] Gerhard Roth, Das Verhältnis von bewusster und unbewusster Verhaltenssteuerung, in: Psychotherapie Forum (2004) 2, 69.
[93] G. Roth, Das Gehirn, 194.

---

planende und entscheidende Ich der Lenker menschlichen Verhaltens", schreibt er in einem Artikel über die Konsequenzen der Hirnforschung für die Psychotherapie,[94] und das habe beinhaltet, dass bei mangelhafter Verhaltenskontrolle „seit jeher der Ratschlag" gelautet habe: „Versuche, deine Gefühle zu unterdrücken und deinen Verstand walten zu lassen! Entscheide Dinge mit Bewusstsein! Überlege, was du tust, und bedenke die Konsequenzen!"[95] Aber:

> „Die Einsichten und Ergebnisse der Psychologie, der Psychotherapie und der Hirnforschung lauten hingegen ganz anders. Danach wird menschliches ebenso wie tierisches Verhalten im Wesentlichen durch das Unbewusste vorbereitet und festgelegt. Das bewusste Planen und Entscheiden spielt eine wichtige, aber nicht die entscheidende Rolle."[96]

Man muss Roth hier fehlende logische Konsequenz vorwerfen. Denn seiner sonst durchgängigen Argumentation nach ist dieses Entscheiden durchaus *nicht* wichtig, sondern nichts weiter als das Flunkern des Limbischen Systems, das schon entschieden hat, bevor der Neocortex zu denken beginnt. Es ist so wichtig, wie wenn ein Kind auf einem Karussellpferd sitzend an dessen Zügeln zieht. Das Kind bewegt nun einmal nichts. Es *wird* bewegt. Tatsächlich bleibt die Willensfreiheit des Menschen bei Roth ganz und gar auf der Strecke.

In polemischer Abgrenzung gegen den Dualismus Eccles'scher Provenienz spricht Roth von dessen „fatalen Konsequenzen"[97]: Die Dominanz des Geistes beinhalte notwendig die Unterdrückung des Naturgemäßen.[98] Darum erscheint ihm sein eigenes weltanschauliches Gegenkonstrukt, „das Gefühl der bewussten Verhaltenssteuerung" sei „eine Illusion", dessen empirische Sicherung er beschwört, geradezu als Evangelium der Befreiung. Die Macht der bewussten Kognitionen ist seiner Darstellung nach von sehr geringer Bedeutung. Die ganze Großhirnrinde kann er „als einen besonders großen, leistungsstarken 'Rechner' ansehen, der vom Gehirn dann eingesetzt wird, wenn es mit komplexen Dingen und Problemen konfrontiert ist, für die es keine fertigen Rezepte [...] hat."[99] Das bedeutet im Klartext: Das Großhirn ist nichts weiter als ein Instrument des Limbischen Systems. Wie ein Mensch seinen Computer ein paar Stunden am Tag laufen lässt, weil er ihm für einige Themen der Lebensbewältigung gute Dienste erweist, nehme das Limbische System die Großhirnrinde ein paar Stunden am Tag in Betrieb, um sie nachts auszuschalten, weil es sie ganz einfach nicht mehr brauche. Roth geht also weit über die allgemein anerkannte Feststellung des Ineinandergreifens der Gehirnteile hinaus. Er stellt vielmehr die herkömmliche Anschauung, dass der bewusste Geist „Reiter" und das unbewusste Gehirn „Ross" sei, auf den Kopf: „Die Letztentscheidung wird [...] emotional getroffen;

---

[94] G. Roth, Das Verhältnis, 59.

[95] Ebd.

[96] Ebd.

[97] Gerhard Roth, Worüber dürfen Hirnforscher reden - und in welcher Weise? in: Christian Geyer (Hg.), *Hirnforschung und Willensfreiheit: Zur Deutung der neuesten Experimente* (Suhrkamp: Frankfurt a.M., 2004), 82.

[98] Ebd., 59ff.

[99] Ebd., 66f.

Vernunft und Verstand entscheiden nichts."[100] „Das Ich konfabuliert, d.h. es liefert - aus Sicht des Beobachters - Pseudoerklärungen". Das Ich habe „keinen direkten Kontrollzugang zum Handeln", sondern es komme ihm „nur eine Beraterfunktion" zu.[101]

Dementsprechend wird psychische Störung nun auch konsequent nicht mehr im Zusammenhang mit Verantwortlichkeit gesehen, sondern als Knoten in der überwiegend unbewussten animalisch-naturhaften Lebensentfaltung. Roth behauptet die Unfähigkeit des Menschen, seine tieferen seelischen Probleme selbst zu erkennen und zu überwinden.[102] Aus dieser Perspektive kann auch der kognitiv verhaltenstherapeutische Ansatz „Hilfe zur Selbsthilfe" nur falsch sein: „Klar ist, dass aufgrund mangelnder Einsicht in die unbewussten Faktoren, die auf das bewusste Wünschen, Wollen und Handeln einwirken, eine Selbsttherapie nicht möglich ist."[103] Das ist auf die Spitze getriebener Freudianismus. Ganz generell sei Skepsis der Meinung gegenüber geboten, man könne „sein Verhalten willentlich [...] ändern."[104] Eigentlich könne das nur die „Therapie durch einen Psychotherapeuten" bewirken.[105] Der Psychotherapeut sei nämlich „hier in einer anderen Position als der Patient, denn er steht außerhalb des fatalen Deutungszirkels des Patienten."[106] „[D]ie Primärfunktion der Therapie" müsse darin bestehen, „die 'Verknotungen' des Es im limbischen System zu beseitigen bzw. zu kompensieren und das Ich dazu zu bringen, seine konfabulatorischen Ausflüchte einzustellen."[107] Was pathologische „Verknotungen" im Unbewussten eines Menschen seien, bleibt unbestimmt. Was ist seelische Gesundheit? Etwa ein Wachstum ohne Knoten, wie es vielleicht in Baumschulen angestrebt wird, wo ein Stamm ganz gerade neben dem anderen steht und ein Baum, der nicht wie die anderen will, zurechtgebogen wird, bis er auch in Reih und Glied passt? Ebenso unbestimmt bleiben die Kriterien für das Recht, die Kompetenz des Deutens und Helfens zu beanspruchen, die ja nach Roth nun auch nichts

---

[100] Ebd., 67. - Die Ähnlichkeit zur Argumentation Martin Luthers, der Mensch sitze ohnmächtig auf dem durch die Sünde missgestalteten Reittier des gänzlich unfreien Willens, ist deutlich. Ganz anders Luthers reformatorischer Gegenspieler Erasmus von Rotterdam, der nachdrücklich die Herrschaft des Geistes über die Triebe postuliert: „Ein wesentlicher Teil des Christentums ist es, mit ganzem Herzen Christ werden zu wollen. Was anfangs unüberwindlich erscheint, das wird durch den ersten Erfolg schon weniger hart, durch Übung leicht, durch Gewohnheit endlich zur Spielerei. [...] Kein Tier ist so wild, daß es der Mensch nicht zähmen könnte. [...] Um den Körper von Krankheit zu befreien, machst du alles, um Leib und Seele dem Tod zu entreißen, machst du nicht einmal das, was selbst die Heiden getan haben. [...] Ich schäme mich wahrhaft, ein Christ zu sein, da der größte Teil von ihnen wie das liebe Vieh den eigenen Begierden dient [...]. Sie glauben, der Mensch bestünde nur aus dem, was sie sehen und spüren. Ja sie meinen, es gäbe nur das, was wir mit den Sinnen feststellen können, während doch alles eher zutrifft. Sie halten alles für richtig, wonach sie begehren. Frieden nennen sie die feste und erbärmliche Knechtschaft, solange die verdunkelte Vernunft ohne Widerstand den Leidenschaften folgt, wohin sie rufen. Das ist jener elende Friede, den hinwegzunehmen Christus gekommen ist, der Urheber des wahren Friedens". Erasmus von Rotterdam, Enchiridion Militis Christiani: Handbüchlein eines christlichen Streiters, in: Erasmus von Rotterdam, *Epistola ad Paulum Volzium: Brief an Paul Volz. Enchiridion Militis Christiani. Handbüchlein eines christlichen Streiters*, übersetzt, eingeleitet u. mit Anm. versehen v. W. Welzig, Erasmus von Rotterdam, Ausgewählte Schriften, Bd. 1, Hg. W. Welzig (Wissenschaftliche Buchgesellschaft: Darmstadt, 1968), 126f.

[101] G. Roth, Das Verhältnis, 69. - Ein solcher Berater, der bereits unwiderruflich getroffenen Entscheidungen nur noch hinterhersehen und sich den Einfluss auf zukünftige nur einbilden kann, wollte ich, ehrlich gesagt, nicht sein...

[102] G. Roth, Das Verhältnis, 66-69.

[103] Ebd., 68.

[104] Ebd., 59.

[105] Ebd.

[106] Ebd., 68.

[107] Ebd., 69.

---

weiter als ein Naturprodukt des Limbischen Systems sein kann. So gesehen ist der Psychotherapeut ein blinder Blindenführer, der sich aber doch anmaßen soll, viel mehr zu sehen als der Patient.

2.8. Veto-Funktion und Kreativität

Es ist bemerkenswert, dass bereits bedeutende Nachfolger Freuds der ersten und zweiten Psychotherapeutengeneration Wege einschlugen, die mit den anthropologischen Prämissen des Meisters nicht mehr kompatibel waren. Alfred Adler erkannte die Individualität des Menschen, nämlich die unteilbare Ganzheit des Ich in ihrer persönlichkeitsbildenden Kraft. Ich und Selbst können nur als Ganzes recht verstanden werden, im Gegensatz zum Maschinenmodell vom Zusammenbau aus Einzelteilen. Viktor Frankl forderte im Widerspruch zur Psychoanalyse, das Geistige scharf vom Triebhaften zu unterscheiden. Das „eigentliche Menschsein" liege nicht im Trieb, sondern in der Verantwortlichkeit.[108] „Eigentliches Menschsein fängt also überhaupt erst dort an, wo kein Getrieben-sein mehr vorliegt; um dort auch aufzuhören, wo das Verantwortlich-sein aufhört."[109] Das Triebhafte ist demnach die schwerpunktmäßig in Zwischenhirn und Limbischem System zu positionierende animalisch-vitale Natur und erst das Geistige als Vernunft, die sich in relativ freien bewussten Willensakten manifestiert, macht den Menschen human. „Ich muss mir doch von mir selbst nicht alles gefallen lassen!" soll Frankl gewitzelt haben.

Aber haben die Libet-Experimente nicht bewiesen, dass nur der Wunsch Vater dieses schönen Gedankens der Willensfreiheit ist? Libet hat als Reaktion auf die physikalistische Vereinnahmung seines Forschungsergebnisses im hohen Alter von 89 Jahren das bemerkenswerte Buch „Mind Time" geschrieben, in dem er die reduktionistische Fehldeutung seiner Forschungsergebnisse durch Neurobiologen wie Gerhard Roth widerlegt. Libet war eine Zeit lang Mitarbeiter von Eccles,[110] dem er das Buch auch widmete. Obwohl er selbst den Dualismus Eccles' nicht vertritt,[111] betont er ausdrücklich, dass dieser aus wissenschaftlicher Sicht vertretbar sei, weil es sich um eine Glaubensüberzeugung handele, die sich der wissenchaftlichen Überprüfbarkeit entzöge.[112]

Libet hält, erkenntnistheoretisch korrekt, die Behauptung, das Ich sei eine Konfabulation des Gehirns, ebenso für eine Glaubensaussage: „Die Annahme, daß die deterministische Natur der physikalisch beobachtbaren Welt [...] subjektive bewußte Funktionen und Ereignisse erklären kann, ist ein spekulativer Glaube und

---

[108] Viktor E. Frankl, *Der unbewußte Gott: Psychotherapie und Religion,* 3. Aufl. d. 7. Kösel-Ausgabe v. 1988 (dtv: München, 1995), 16. Vgl. ferner zur Logotherapie Reinhard Scheerer, *Logotherapie und Existenzanalyse: Viktor E. Frankl, Elisabeth Lukas und Alfried Längle. Eine Einführung*, Lehrbücher aus dem Institut für Seelsorgeausbildung (ISA), Bd. 5 (Books on Demand: Norderstedt, 2015).

[109] Ebd., 17.

[110] B. Libet, Mind Time, 19.

[111] Ebd., 118.

[112] Den Dualismus bezeichnet er als „die Überzeugung, dass der Geist vom Gehirn getrennt werden kann [...]. Ich werde sofort behaupten, dass letzteres als *Glaube* absolut haltbar ist. Dasselbe gilt für die meisten anderen philosophischen und religiösen Vorschläge. Keiner der wissenschaftlichen Befunde widerspricht unmittelbar solchen Überzeugungen. In der Tat fallen sie nicht in den Geltungsbereich wissenschaftlicher Erkenntnis". Ebd., 26f.

---

keine wissenschaftlich bewiesene Aussage."[113] Im Bemühen, der Synthese von Geist und Gehirn auf den Grund zu gehen, steht zuletzt Glaube gegen Glaube. Die Frage ist, welcher Glaube am glaub*würdigsten* ist.

Nach Libet ist das Bereitschaftspotenzial zwar eine Tatsache, aber es beschreibt durchaus nicht den ganzen Ablauf des Zustandekommens einer Willensentscheidung. „[D]ie Bewußtseinsfunktion kann den Ausgang immer noch steuern; sie kann die Handlung durch ein Veto verbieten. Willensfreiheit ist daher nicht ausgeschlossen."[114] Der freie Wille würde somit „eine Willenshandlung nicht einleiten, würde aber den Vollzug der Handlung steuern."[115]

> „Der bewußte Wille beeinflußt [...] das Ergebnis des Willensprozesses, auch wenn letzterer durch unbewußte Gehirnprozesse eingeleitet wurde. Der bewußte Wille könnte den Prozeß blockieren oder verbieten, so daß keine Bewegung auftritt. Die Existenz einer Veto-Möglichkeit steht außer Zweifel."[116]

Libet behauptet, „daß das bewußte Veto *keine* unbewußten Prozesse erfordert oder deren direktes Resultat ist. Das bewußte Veto ist eine *Kontrollfunktion*, die verschieden ist von einem bloßen Bewußtsein des Handlungswunsches."[117] Weil Libets Experminte zeigten, dass zwischen der Wahrnehmung des Willensimpulses und der ausführenden Handlung ein Zeitintervall von bis zu 200 Millisekunden liegt, das es ermöglicht, willentlich diesen Impuls zu unterbinden,[118] ist das Zustandekommen der Handlung aus dem Willensimpuls heraus nicht als Automatismus anzusehen. Die Tatsache, dass unser bewusster Wille nur das aufnimmt, was schon irgendwie zuvor vorhanden war, aber noch unbewusst blieb, nötigt nicht etwa zum Kausaldeterminismus, sondern sie weist eher auf das Ge-

---

[113] Benjamin Libet, Haben wir einen freien Willen? in: Christian Geyer, (Hg.), *Hirnforschung und Willensfreiheit: Zur Deutung der neuesten Experimente* (Suhrkamp: Frankfurt a.M., 2004), 285; ebenso B. Libet, Mind Time, 195. „Tatsächlich sind bewusste geistige Phänomene nicht auf die Kenntnis der Aktivitäten von Nervenzellen reduzierbar oder durch sie zu erklären. [...] Viele Wissenschaftler und Philosophen scheinen [...] nicht zu verstehen, dass ihre starre Meinung, der Determinismus sei wahr, auf einem *Glauben* beruht. In Wirklichkeit sind sie nämlich nicht im Besitz der Antwort." B. Libet, Mind Time, 25f.

[114] B. Libet, Haben wir einen freien Willen, 286. - „Wir sollten [...] die Möglichkeit in Betracht ziehen, dass das bewusste Veto selbst seinen Ursprung in vorangehenden unbewussten Prozessen haben könnte". B. Libet, Mind Time, 186. Aber: „Das bewusste Veto ist eine Steuerungsfunktion, die sich von dem bloßen Bewusstwerden des Handlungswunsches unterscheidet. Es gibt keinen logischen Zwang in irgendeiner Gehirn-Geist-Theorie [...], der eine spezifische neuronale Aktivität erfordert, die der bewussten Steuerungsfunktion vorausgeht und sie bestimmt. Und es gibt keine experimentellen Belege gegen die Möglichkeit, dass der Steuerungsprozess ohne eine spezifische Entwicklung durch vorausgehende unbewusste Prozesse stattfinden kann." Ebd., 187. - Der bewusste Wille leitet „unsere freien Willensentscheidungen nicht ein. Stattdessen kann er das Ergebnis oder den tatsächlichen Vollzug der Handlung steuern. Er kann der Handlung gestatten, sich zu vollenden, oder er kann sie unterdrücken, so dass keine Handlung stattfindet." Ebd., 178.

[115] Ebd.

[116] Ebd., 277.

[117] Ebd., 279.

[118] B, Libet, Mind time, 177. - „Das Unterdrücken eines Handlungsdrangs ist eine allgemeine Erfahrung, die wir alle schon gemacht haben. Sie tritt besonders dann auf, wenn die geplante Handlung als sozial inakzeptabel angesehen wird oder nicht im Einklang mit der eigenen Gesamtpersönlichkeit oder mit den eigenen Werten steht. Wir konnten in der Tat experimentell zeigen, dass die Unterdrückung einer geplanten Handlung sogar noch in den letzten 100-200 ms vor dem erwarteten Handlungszeitpunkt möglich war." Ebd. - „Der Wille vermag zwar nicht, die neuronale Aktivität zu initiieren, doch kann er die einmal in Gang gesetzte Aktivität stoppen. Der Wille ist demnach kein Initiator, sondern ein Zensor." Hans Goller, Willensfreiheit - eine Illusion? in: Stimmen der Zeit (2003) 2, 74. - In den letzten 50 ms vor Ausführung der Handlung ist diese nicht mehr aufzuhalten. B. Libet, Mind Time, 177.

genteil hin: Sie zeichnet den Menschen als erfinderisches, schöpferisches und leistungsfähiges Wesen aus.[119] Reaktivität ist die Voraussetzung der Kreativität![120] Schöpferische Prozesse kommen sozusagen von innen heraus, durch ein „Hochsprudeln im Gehirn", wie Libet schreibt. Darum werden schöpferische Ideen auch weniger durch angestrengte Denkbewegungen des Bewusstseins als durch Konzentration gefördert.[121] Sie brauchen Raum, um sich spontan einstellen zu können.[122]

> „Kreativität im Allgemeinen ist so gut wie sicher eine Funktion unbewusster oder zumindest halbbewusster geistiger Prozesse. Es gibt viele anekdotische Berichte großer Wissenschaftler über Ideen für einfallsreiche Vermutungen zu Problemlösungen, die bewusst erst nach einer bestimmten Zeit unbewussten Ausbrütens erschienen."[123]

Roth folgert konsequent aus seinem Menschenbild, dass nicht nur psychische Störungen, sondern auch Straftaten generell als die Folge von Gehirnschäden zu sehen und zu behandeln seien. Wenn das Gehirn und nicht mehr das zum Gespenst gewordene Selbst der Person verantwortlich für destruktives Handeln ist, dann muss sinnvollerweise auch das Gehirn der Behandlung unterzogen werden. Mit dem Selbst löst sich die reale Verantwortung auf. Dem widerspricht Libet:

> „Meiner Ansicht nach ist der entscheidende Punkt, dass wir eine bewusste Kontrolle über den tatsächlichen Vollzug unseres unbewusst eingeleiteten Willensprozesses haben. Also sind wir für unsere bewusst gesteuerten Entscheidungen verantwortlich, aber nicht für unsere unbewusst eingeleiteten Impulse, die unseren bewussten Entscheidungen vorausgehen."[124]

Als Menschen sind wir Reaktionswesen. Unser Verhalten geht aus einer unendlichen Kette von erfahrenen *Activating Events*, deren automatisierter oder bewusster Bewertung und der daraus resultierenden Reaktion hervor. Bei den Activating Events handelt es sich entweder um Sinneswahrnehmungen äußerer Gegebenheiten oder um im Gehirn „Hochsprudelndes", um den endlosen Fluss der Körperempfindungen, Stimmungen, Bilder und Gedanken. Ununterbrochen kommt uns irgendetwas in den Sinn und bietet sich zur bewussten Weiterbearbeitung an, ununterbrochen verwerfen wir das eine und nehmen das andere auf; auch die vollautomatisch von der Amygdala ausgelösten Hormonkaskaden sind Bewertungsreaktionen, nur lassen sie den Neocortex und damit die Vernunft zunächst unbeteiligt, weil sie zu schnell für ihn sind. Gleichwohl wird bewertet, indem der eingegangene Reiz via Hippocampus mit dem emotionalen Gedächtnis

---

[119] B. Libet, Mind Time, 126ff. - „Vielleicht beginnen alle bewussten geistigen Ereignisse in Wirklichkeit unbewusst, bevor überhaupt ein Bewusstsein erscheint." Ebd., 141. Libet nennt als Beispiele Erfindungen, Wissenschaft, Kunst, Reden und Schreiben, Musik und Sport. Ebd.,126ff.

[120] Reinhard Olivier, Wonach sollen wir suchen? Hirnforscher fragen nach ihrer Frage, in: Christian Geyer (Hg.), *Hirnforschung und Willensfreiheit: Zur Deutung der neuesten Experimente* (Suhrkamp: Frankfurt a.M., 2004), 157.

[121] „Es gibt [...] gute Gründe für die Annahme, dass das Richten der Aufmerksamkeit auf ein bestimmtes sensorisches Signal ein wirksamer Faktor dafür ist, die sensorische Reaktion zu einer bewussten zu machen." B. Libet, Mind Time, 135, vgl. 150f.

[122] Lydia Lange, Ist das mein Wille? in: Psychologie heute (2005) 6, 45; vgl. B. Libet, Mind Time, 249.

[123] Ebd., 128.

[124] B. Libet, Mind Time, 258.

---

abgeglichen wird, um sehr rasch und sehr unscharf festzustellen, ob er dem Organismus gut tun wird oder nicht. Unter diesen Gesichtspunkten enthüllen die Libet-Versuche gar nichts Neues. Unser bewusstes Urteilen und Entscheiden kommt immer unbewussten Impulsen im Sinne von Noch-nicht-Gewusstem hinterher. Neu an den Libet-Versuchen war nur, dass ein solcher zunächst unbewusster Impuls auch in einer bereits völlig fertigen Willensentscheidung bestehen kann. Bewiesen ist damit nur, dass unser Gehirn in der Lage ist, uns gänzlich authentisch-freie Willensentscheidungen buchstäblich vor-zu-machen. Die verabsolutierenden deterministischen Schlussfolgerungen jener Neurowissenschaftler wären nur dann berechtigt, wenn das alles wäre - was sie tatsächlich behaupten. Aber das ist offenbar falsch.

Im Ross-Reiter-Schema ausgedrückt: Wer sich auf ein Pferd setzt, wird erfahren, sofern Leben darin ist, dass es etwas macht. Und er wird sich im günstigen Fall sofort überlegen, ob er selbst das auch will oder nicht - und wird dementsprechend Einfluss nehmen. So vollzieht sich der ganze Prozess des Reitens: Interaktiv, dialogisch. Entsprechend vollzieht sich auch durchweg unser Selbstverhältnis, vom Embryonalstadium an, wie die Erforschung der Ontogenese des Menschen offenbar eindeutig gezeigt hat: Die ganzheitliche Persönlichkeitsentwicklung, nämlich die geist-seelischen und neuronalen Kapazitäten des Menschen, bilden sich durch die beständige Interaktion eines geistigen Ertastens und Erprobens der Wirklichkeit und der ungewollten Konfrontation mit dieser. Nach Piaget entwickelt sich der Mensch psychophysisch von frühester Kindheit an durch dieses Wechselspiel von passiv erlebten zufälligen Erfahrungen und aktiv herbeigeführter intelligenter Gestaltung. Reiz und (Re-)Aktion bedingen einander in der Kindheitsentwicklung gegenseitig. Es gibt vom Embryonalstadium an eine Art „Denken" im Individuum, eine „Intelligenz" nämlich, die zunächst weder mit Vorstellungen verbunden noch sprachlich ist.[125] Sie schafft sich mit dem Material bereits vorhandener Erfahrungsstrukturen fortschreitend mehr Gestaltungsraum und integriert zu diesem Zweck, sobald das Gehirn dazu in der Lage ist, die sprachlichen Äußerungen der Mitmenschen zum schöpferischen Aufbau des eigenen Sprachschatzes.[126] Somit können wir die Existenz einer sowohl affektiven (Sinneswahrnehmung) als auch kognitiven (Erkenntnis, Denken) vorsprachlichen Sphäre im Menschen vom Lebensbeginn an voraussetzen. Mit anderen Worten: Die affektive Vorgegebenheit, die sich als „blinder" Wille manifestiert (z.B. wenn das Baby Hunger hat oder Schmerz spürt), wird bereits im embryonalen Zustand des Menschen von diesem intelligent bearbeitet, woraus sich mehr und mehr ein differenziertes Wollen bildet. Wann das jeweils beginnt, ist Piaget zufolge nicht bestimmbar.[127]

Libet vermutet, der bewusste Wille könnte über die Vetofunktion hinaus „als notwendiger Auslöser fungieren, damit der Willensprozess sich in einer Handlung niederschlägt. Das würde dem bewussten Willen eine aktive Rolle bei der

---

[125] Piaget zufolge „geht [...] die Ausbildung des Denkens im sensomotorischen Umgang mit der Umgebung des Kindes dem Spracherwerb eindeutig voraus". Wolfhart Pannenberg, *Anthropologie in theologischer Perspektive* (Vandenhoeck & Ruprecht: Göttingen, 1983), 339.

[126] Jean Piaget, Bärbel Inhelder, *Die Psychologie des Kindes*, aus d. Franz. v. L. Häfliger, 6. Aufl. (Klett Cotta , dtv: Stuttgart, 1996), 15-17, 39, 75, 89f.

[127] Ebd., 16.

Erzeugung einer motorischen Handlung verleihen."[128] Es sei möglich,

> „dass der bewusste Wille als ein Auslöser wirkt, um der unbewusst vorbereiteten Initiative zu ermöglichen, zur Hervorbringung der Handlung voranzuschreiten. In diesem Fall würde das bewusste Gefühl, dass wir die Willenshandlung eingeleitet oder hervorgebracht haben, die Wirklichkeit widerspiegeln, es wäre dann keine Illusion. [...] Mit anderen Worten, der bewusste freie Wille könnte das Ergebnis eines unbewusst eingeleiteten Prozesses steuern."[129]

Wenn wir einem Willensimpuls widerstehen, geschieht es, weil wir einen *Grund* dafür haben. Der Moraltheologe Eberhard Schockenhoff differenziert:

> „Gründe 'bestimmen' menschliche Handlungen, aber sie 'verursachen' sie nicht. Was menschliche Handlungen von physikalischen Ereignissen unterscheidet, ist die Struktur ihrer Intentionalität. Menschen handeln um der Ziele willen, die sie durch ihr Handeln erreichen wollen. Ein erkanntes und bewußt gewähltes Ziel 'verursacht' ihr Handeln jedoch nicht, denn es bleibt die Möglichkeit, auch anders zu handeln."[130]

Geschöpfliche Freiheit kann immer nur abhängige Freiheit sein. Mithin besteht die Freiheit des Willens nicht in der Grundlosigkeit des Entscheidens, sondern im Vorhandensein von Gründen, so oder anders zu entscheiden.[131] Gründe fallen nicht in die Kategorie der Kausalwirkungen, sondern sie sind Informationen, aus denen reaktiv Kausalwirkungen entstehen können.[132] Handlungsgründe sind Bewertungen von Stimuli. Der Mensch ist ein durchweg reaktives Wesen.[133] Der eigentliche geistige Entscheidungsakt liegt nicht im unmittelbaren Willensimpuls, der in der Tat wie von selbst aus den Tiefen des Unbewussten aufsteigen kann, sondern in einem zweiten und dritten Akt des Urteilens und Entscheidens. Die einfachen Verhaltenssequenzen in den von Roth genannten Versuchen spiegeln somit keineswegs die reale Komplexität von Willensentschlüssen wider. Sie sagen nichts über das Woher und Wozu der Möglichkeiten, auf den unmittelbaren Reiz, der als Willensimpuls wahrgenommen wird, so oder so zu reagieren. Aber erst hier wird das Thema der Willensfreiheit wirklich interessant.

---

[128] Ebd., 182.

[129] Ebd., 185.

[130] Eberhard Schockenhoff, Wir Phantomwesen: Über zerebrale Kategorienfehler, in: Christian Geyer (Hg.), *Hirnforschung und Willensfreiheit: Zur Deutung der neuesten Experimente* (Suhrkamp: Frankfurt a.M., 2004), 167; vgl. U. Beuttler, a.a.O., 71.

[131] Lutz Wingert, Gründe zählen: Über einige Schwierigkeiten des Bionaturalismus, in: Christian Geyer (Hg.), *Hirnforschung und Willensfreiheit: Zur Deutung der neuesten Experimente* (Suhrkamp: Frankfurt a.M., 2004), 198.

[132] Helmut Mayer, Ach, das Gehirn: Über einige neue neurowissenschaftliche Publikationen, in: Geyer, Christian (Hg.), *Hirnforschung und Willensfreiheit: Zur Deutung der neuesten Experimente* (Suhrkamp: Frankfurt a.M., 2004), 489.

[133] „Wir können und möchten Entscheidungen immer nur in einem bestimmten vorgegebenen Rahmen von Möglichkeiten treffen. Wir beziehen uns in unseren Entscheidungen auf Vorbedingungen". Hans-Ludwig Kröber, Die Hirnforschung bleibt hinter dem Begriff strafrechtlicher Verantwortlichkeit zurück, in: Christian Geyer (Hg.), *Hirnforschung und Willensfreiheit: Zur Deutung der neuesten Experimente* (Suhrkamp: Frankfurt a.M., 2004), 106f. „Und wenn tatsächlich eine Entscheidung stärker in meinen emotionalen Vorerfahrungen begründet sein sollte als in rationalen Erwägungen - was besagt dies für die Willensfreiheit? Gar nichts. Es lebt auch dies von dem untergründigen Argument, daß Emotion kognitionsfeindlich sei, antirational, obwohl die emotionale Befrachtung repräsentativer Bestände, also psychischer Vorstellungen, ja ganz wesentlich ein Ausdruck der Bewertung und Gewichtung von Sachverhalten ist." Ebd., 108.

2.9. Zwei philosophische Ansätze

Ich als Subjekt kann nicht zum Objekt werden, ohne mich aufzulösen. Ich mag behaupten, „aus wissenschaftlicher Sicht" gäbe es mich gar nicht, „in Wirklichkeit" sei mein Selbstbewusstsein nur ein Produkt meines Gehirns, ich selbst sei aber nicht mein Gehirn. Man mag aber auch, unter Zuhilfenahme des gesunden Menschenverstandes, entgegnen, dass solche Überlegungen ziemlich unsinnig sind, um nicht zu sagen: albern.

In der Philosophie wird dieses Problem unter dem Thema „Subjekt-Objekt-Spaltung" behandelt. Dass ziemliche Schwierigkeiten entstehen, wenn man Subjekt und Objekt einfach auseinander dividiert, haben wir gesehen. Das Ich ohne Selbst zu denken, den Geist ohne Leib, scheint ähnlich unsinnig wie das Gegenteil, das heute vom Mainstream der Neuropsychologie gepflegt wird, den Leib ohne Geist zu denken. Zu Recht verlangt uns nach Ganzheitlichkeit.

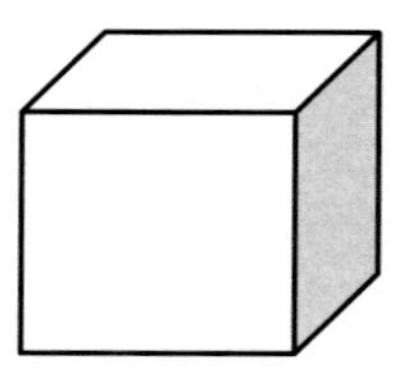 Eine attraktive Lösung hat schon *Aristoteles* vorgeschlagen. Der Körper verhält sich nach Aristoteles zum Geist wie die *Substanz* zur *Form*.[134] Substanz und Form benötigen einander. Eine Substanz ohne Form ist so wenig denkbar wie eine Form ohne Substanz. Die Form des Würfels erübrigt sich ohne die Substanz, denn dann wäre kein Würfel da, sondern ein Nichts; und die Substanz erübrigt sich ohne die Form, denn was ist ein Würfel ohne Form?

Das Modell scheint einige Vorteile zu haben:

1. Die Form könnte uns das Wesen des Geistes näher bringen, indem wir sagen: Sie *ist* nicht der Geist, aber sie bildet ihn ab.
2. Die Metapher des Bildhauers legt sich nahe: Dieser *ist* nicht die Form der Statue, aber er ist ihr Schöpfer. Das ist gut kompatibel mit dem biblischen Schöpfungsbericht, wonach Gott uns wie ein Töpfer aus Lehm gemacht und sich dabei auch in uns abgebildet hat.
3. Das Modell erlaubt eine ganzheitliche Sicht des Zusammenhangs von Leib, Seele und Geist: Leib und Geist können sozusagen als „Doppelseitigkeit" der Person verstanden werden. Demnach wären wir untrennbar Leib- und Geistwesen in einer Person. Dadurch wird eine konsequent psychosomatische Sichtweise möglich.
4. Auch die biblische Anthropologie, insbesondere die des Alten Testaments, ist eindeutig ganzheitlich.
5. Das Modell der Untrennbarkeit von Leib, Seele und Geist ist gut kompatibel mit der biblischen Lehre von der Auferstehung des Leibes im Unterschied zu den Lehren von der Unsterblichkeit der körperlosen Seele. Demnach hat der Geist hat keinen Sinn ohne den Leib und der Leib hat keinen ohne den Geist.

Aufs Ganze gesehen liegt der größte Vorteil dieser Sichtweise wohl im psychosomatischen Aspekt, weil sich der Dualismus zwischen dem Geistseelischen und

---

[134] Aristoteles, *Metaphysik: Schriften zur Ersten Philosophie,* übers. u. hg. v. F.F. Schwarz (Philipp Reclam jun.: Stuttgart, 1981); Aristoteles, *Über die Seele,* Griechisch/Deutsch, übers. u. hg. v. G. Krapinger (Philipp Reclam jun.: Stuttgart, 2011).

dem Körperlichen erübrigt. Wenn die geistgewirkte Form und die geformte Substanz nichts weiter als die beiden Grundaspekte derselben Sache sind, braucht man keinen kausalen Nexus zwischen Geist und Körper mehr. So gesehen ist der Leib einfach die Ausprägung und insofern gewissermaßen die für uns sichtbare „Außenseite" des Geistes: der Geist tritt für uns nicht anders in Erscheinung als in leiblicher Gestalt. Umgekehrt gilt dann genauso, dass der Geist die für uns unsichtbare „Außenseite" des Leibes ist, die sich ihm *einprägt*. Die Bildung synaptischer Verbindungen in einem Lernprozess wären dann als notwendige leibliche Ausprägungen des Geistes im Gehirn zu verstehen, umgekehrt könnte die metaphorische Sprechweise, dass wir uns etwas „einprägen", buchstäblich im Sinne dieses Aktes begriffen werden. Mentales (zu Deutsch: „Geistiges"!) prägt sich grundsätzlich darin aus, dass es sich leiblich einprägt.

Allerdings wird die Subjekt-Objekt-Spaltung durch dieses Modell nicht aufgehoben, wobei zu fragen ist, ob das überhaupt sein muss. Man ist ja nicht gezwungen, in dieser Spaltung ein Übel zu sehen. Es scheint viel wichtiger, das Verhältnis von Subjektivität und Objektivität richtig zu bestimmen, als den Gegensatz zu überwinden, was der Quadratur des Kreises zu gleichen scheint. Den erkenntnistheoretischen Grund für die angemessene Verhältnisbestimmung von Subjektivität und Objektivität hat *Immanuel Kant* gelegt. Die Antwort darauf, wie diese Verhältnisbestimmung praktisch aussieht und welche Konsequenzen das für Wissenschaft, Kunst und Ethik hat, konnte Kant nur in Ansätzen geben.

Hilfreich für die Theorie Kognitiver Therapie und Seelsorge ist Kants anthropologische Unterscheidung zwischen *empirischem* und *intelligiblem Charakter* (Abbildung 11).[135] Der empirische Charakter ist die objektive Gestalt unseres Seelenlebens: das Terrain der empirischen Psychologie. Er wird wissenschaftlich wie alles Objektivierbare durch Naturgesetzlichkeiten erfasst. Er kann nach diesen Prinzipien untersucht, gemessen, erklärt und beeinflusst werden. Er ist das, was ich an mir selbst und was andere an mir wahrnehmen und reflektieren: Meine Seele, mein Selbst. Der intelligible Charakter ist reine Subjektivität: „Ich bin!" Ich bin nicht zu leugnen, aber empirisch nur als Selbst zugänglich.

Das Wort „Charakter" bedeutet *Prägung*. Kant ist der Überzeugung, dass der intelligible Charakter den empirischen prägt. Er hütet sich aber davor, dem intelligiblen Charakter irgendwelche objektiven Kriterien zuzuschreiben. Das wäre eine erkenntnistheoretische Grenzüberschreitung. Es lässt sich schlichtweg nichts Objektives über den intelligiblen Charakter sagen. Im Grunde genommen lässt er sich nur glauben. Darum sagt Kant auch nicht einmal „Geist" dazu, denn das wäre bereits eine Objektivierung des ungreifbaren und unbegreiflichen „Ich". Wir stehen wieder vor dem Paradox, dass das, was wir nur glauben können, zugleich unser tiefstes, einzig wahres und nicht relativierbares Wissen ist: „Ich denke, also bin ich!"

---

[135] Immanuel Kant, *Anthropologie in pragmatischer Hinsicht,* hg. u. eingeleitet v. W. Becker, mit einem Nachwort v. H. Ebeling (Philipp Reclam jun.: Stuttgart, 1983), 234ff; Immanuel Kant, *Kritik der reinen Vernunft,* Hg. I. Heidemann, Nachdruck (Philipp Reclam jun.: Stuttgart, 2010), 579ff.

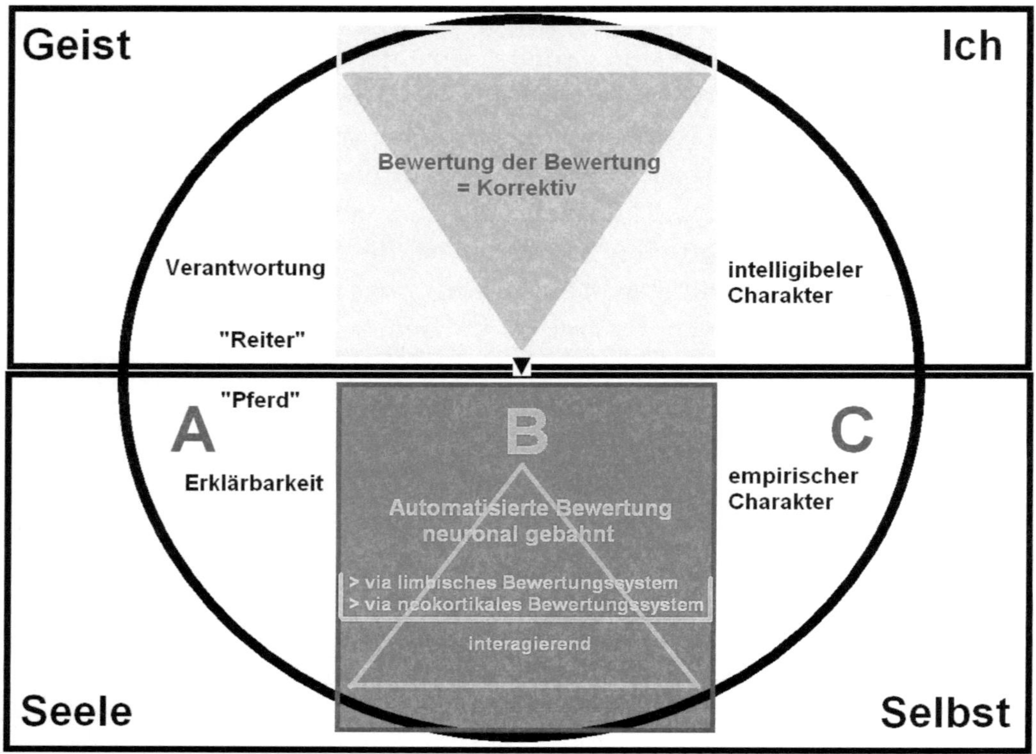

Abbildung 11:
Die Unterscheidung zwischen intelligiblem (Reiter) und empirischem (Pferd) Charakter nach Immanuel Kant und die Zuordnung der ABC-Methodik. Das Dreieck unter „B" symbolisiert die empirisch zugängliche Interaktion zwischen dem Bewertungssystem des Limbischen Systems und des Großhirns.

Das zweite Paradox des Verhältnisses von empirischem zu intelligiblem Charakter besteht darin, dass der empirische vollständig ist. Darin ist auch die relative Plausibilität der neuropsychologischen Leugner des Geistes begründet. Kant würde sagen: Es ist eher nicht anzunehmen, dass es einen kausalen Nexus gibt, und es braucht auch keinen zu geben. Das System des empirischen Charakters ist in sich abgeschlossen, so wie die ganze Natur in sich vollständig ist. Für alles in der Natur gibt es ursächliche Zusammenhänge, die man prinzipiell erforschen und beschreiben kann.

Und dennoch ist der empirische Charakter als Ganzer nur die halbe Wahrheit unseres Daseins oder womöglich noch viel weniger. Dem Wissen um die kausalen Zusammenhänge steht das Bewusstsein der Freiheit entgegen: Ich kann mir anschauen, was in mir vorgeht, ich kann mir Gedanken darüber machen und meinem *Gewissen* folgend entscheiden, wie ich es bewerten und wie ich im Weiteren *verantwortlich* damit umgehen will. *Ich kann mich selbst bestimmen.* Wenn wir uns vor Augen halten, dass authentische, selbstbestimmte Verantwortlichkeit nicht nur das A und O aller heilsamen Psychotherapie ist, sondern auch das A und O der neutestamentlichen Ethik, wird deutlich, welch hohe Bedeutung dieser erkenntnistheoretischen Grundunterscheidung von „Ross" und „Reiter" für die Kognitive Therapie und Seelsorge zukommt.

Welches Menschenbild steckt hinter dem neurobiologischen Determinismus?

....

....

Worin bestehen die Grundaussagen des neurobiologischen Determinismus? Was bedeuten sie für die Kognitive Seelsorge?

....

....

Was ist anthropologischer Dualismus? Welche Probleme wirft dieses Menschenbild auf?

....

....

Wie lässt sich mit der Metapher „Ross und Reiter" das Verhältnis von Leib, Seele und Geist beschreiben?

....

....

Libet weist darauf hin, dass alle zehn Gebote negativ formuliert sind. Warum wohl?

....

....

Wie ist die Aussage Jesu in Mt 5,27-30 im Zusammenhang mit Libets Theorie von der Veto-Funktion des Willens zu verstehen? Was kann das für die seelsorgerliche Praxis bedeuten?

....

....

Verwendete Literatur

Aristoteles, *Metaphysik: Schriften zur Ersten Philosophie,* übers. u. hg. v. F.F. Schwarz (Philipp Reclam jun.: Stuttgart, 1981)

Aristoteles, *Über die Seele,* Griechisch/Deutsch, übers. u. hg. v. G. Krapinger (Philipp Reclam jun.: Stuttgart, 2011)

Beuttler, Ulrich, Freier Wille oder neuronale Determination? Theologische Überlegungen zum Willensbegriff der Gehirn-Geist-Debatte, in: Theologische Beiträge (2007) 2

Brüntrup, Godehard, *Das Leib-Seele-Problem: Eine Einführung,* 2. Aufl. (Kohlhammer: Stuttgart, 2001)

Düsing, Edith, *Fichtes Praktische Philosophie,* Fakultät für Kultur- und Sozialwissenschaften (FernUniversität Hagen, 2014)

Eccles, John C. ,*Wie das Selbst sein Gehirn steuert,* aus d. Engl. v. M. Heim, 2. Aufl. (Piper: München, Zürich, 1997)

Epstein, Seymour, Cognitive-Experiental Self-Theory: An Integrative Theory of Personality, in: Curtis, Rebecca C. (Hg.), *The Relational Self: Theoretical Convergences in Psychoanalysis and Social Psychology* (The Guilford Press: New York, London, 1991)

Epstein, Seymour, Brodsky, Archie, *Sie sind viel klüger als Sie denken: Was man mit Intuition und Verstand erreichen kann,* aus d. Amerik. v. W. Goidinger (Droemersche Verlagsanstalt Th. Knaur Nachf.: München, 1994)

Erasmus von Rotterdam, *Epistola ad Paulum Volzium: Brief an Paul Volz. Enchiridion Militis Christiani. Handbüchlein eines christlichen Streiters,* übersetzt, eingeleitet u. mit Anm. versehen v. W. Welzig, Erasmus von Rotterdam, Ausgewählte Schriften, Bd. 1, Hg. W. Welzig (Wissenschaftliche Buchgesellschaft: Darmstadt, 1968)

Fichte, Johann Gottlieb, *Die Bestimmung des Menschen,* hg. u. mit einem Nachwort versehen v. T.Ballauf u. I.Klein (Philipp Reclam jun.: Stuttgart, 1981 [1800])

Frankl, Viktor E., *Der unbewußte Gott: Psychotherapie und Religion,* 3. Aufl. d. 7. Kösel-Ausgabe v. 1988 (dtv: München, 1995)

Goller, Hans, Willensfreiheit - eine Illusion? in: Stimmen der Zeit (2003) 2

Grawe, Klaus, *Neuropsychotherapie* (Hogrefe: Göttingen, Bern, Toronto u.a., 2004)

Grawe, Klaus, *Psychologische Therapie,* 2., korr. Aufl. (Hogrefe: Göttingen u.a., 2000)

Goleman, Daniel, *Emotionale Intelligenz,* aus de. Engl. v. F. Griese, 14. Aufl. (Deutscher Taschenbuch Verlag: München, 2001)

Goleman, Daniel, Intelligenz mit viiiel Gefühl, in: Psychologie heute (1999) 4

Hüther, Gerald, *Biologie der Angst: Wie aus Streß Gefühle werden,* 5. Aufl. (Göttingen: Vandenhoeck & Ruprecht, 2002)

Kant, Immanuel, *Anthropologie in pragmatischer Hinsicht,* hg. u. eingeleitet v. W. Becker, mit einem Nachwort v. H. Ebeling (Philipp Reclam jun.: Stuttgart, 1983)

Kant, Immanuel, *Kritik der reinen Vernunft,* Hg. I. Heidemann, Nachdruck (Philipp Reclam jun.: Stuttgart, 2010)

Kröber, Hans-Ludwig, Die Hirnforschung bleibt hinter dem Begriff strafrechtlicher Verantwortlichkeit zurück, in: Geyer, Christian (Hg.), *Hirnforschung und Willensfreiheit: Zur Deutung der neuesten Experimente* (Suhrkamp: Frankfurt a.M., 2004)

Lange, Lydia, Ist das mein Wille? in: Psychologie heute (2005) 6

Libet, Benjamin, Haben wir einen freien Willen? in: Geyer, Christian (Hg.), *Hirnforschung und Willensfreiheit: Zur Deutung der neuesten Experimente* (Suhrkamp: Frankfurt a.M., 2004)

Libet, Benjamin, *Mind Time: Wie das Gehirn Bewusstsein produziert,* übersetzt v. J. Schröder (Suhrkamp: Frankfurt a.M., 2005)

Mayer, Helmut, Ach, das Gehirn: Über einige neue neurowissenschaftliche Publikationen, in: Geyer, Christian (Hg.), *Hirnforschung und Willensfreiheit: Zur Deutung der neuesten Experimente* (Suhrkamp: Frankfurt a.M., 2004)

Meywald, Ellen, „Vernünftiges Denken ist ohne Emotionen nicht möglich", Interview mit Kassler Forschergruppe, in: Psychologie heute (2001) 5

Olivier, Reinhard, Wonach sollen wir suchen? Hirnforscher fragen nach ihrer Frage, in: Geyer, Christian (Hg.), *Hirnforschung und Willensfreiheit: Zur Deutung der neuesten Experimente* (Suhrkamp: Frankfurt a.M., 2004)

Pannenberg, Wolfhart, *Anthropologie in theologischer Perspektive* (Vandenhoeck & Ruprecht: Göttingen, 1983)

Pervin, Lawrence A., *Persönlichkeitstheorien: Freud, Adler, Jung, Rogers, Kelly, Cattell, Eysenck, Skinner, Bandura,* 4., völlig neu bearb. Aufl. (Ernst Reinhardt: München, Basel, 2000)

Piaget, Jean, Inhelder, Bärbel, *Die Psychologie des Kindes,* aus d. Franz. v. L. Häfliger, 6. Aufl. (Klett Cotta , dtv: Stuttgart, 1996)

Popper, Karl R, Eccles, John C., *Das Ich und sein Gehirn,* 2. Aufl. (Piper: München, Zürich, 1982)

Prinz, Wolfgang, Der Mensch ist nicht frei: Ein Gespräch, Interview in: Geyer, Christian (Hg.), *Hirnforschung und Willensfreiheit: Zur Deutung der neuesten Experimente* (Suhrkamp: Frankfurt a.M., 2004)

Roth, Gerhard, *Das Gehirn und seine Wirklichkeit: Kognitive Neurobiologie und ihre philosophischen Konsequenzen,* 5., überarb. Aufl. (Suhrkamp: Frankfurt a.M., 1997)

Roth, Gerhard, Das Verhältnis von bewusster und unbewusster Verhaltenssteuerung, in: Psychotherapie Forum (2004) 2

Roth, Gerhard, Worüber dürfen Hirnforscher reden - und in welcher Weise? in: Geyer, Christian (Hg.), *Hirnforschung und Willensfreiheit: Zur Deutung der neuesten Experimente* (Suhrkamp: Frankfurt a.M., 2004)

Scheele, Brigitte, *Emotionen als bedürfnisrelevante Bewertungszustände: Grundriß einer episte-mologischen Emotionstheorie* (A. Francke: Tübingen, 1990)

Scheerer, Reinhard, *Logotherapie und Existenzanalyse: Viktor E. Frankl, Elisabeth Lukas und Alfried Längle. Eine Einführung*, Lehrbücher aus dem Institut für Seelsorgeausbildung (ISA), Bd. 5 (Books on Demand: Norderstedt, 2015)

Schockenhoff, Eberhard, Wir Phantomwesen: Über zerebrale Kategorienfehler, in: Geyer, Christian (Hg.), *Hirnforschung und Willensfreiheit: Zur Deutung der neuesten Experimente* (Suhrkamp: Frankfurt a.M., 2004)

Weizsäcker, Viktor von, *Der Arzt und der Kranke: Stücke einer medizinischen Anthropologie*, bearbeitet v. P. Achilles, Gesammelte Schriften, Hg. P. Achilles et al., Bd. 5, (Suhrkamp: Frankfurt a.M., 1987)

Willberg, Hans-Arved, *Keine Angst vor der Angst: Angststörungen - ihre Ursachen und wie man sie bewältigen kann*, 3. Aufl. (R. Brockhaus: Wuppertal, 2006 [2004])

Willberg, Hans-Arved, *Mach das Beste aus dem Stress: Wie Sie Ihr Leben ins Gleichgewicht bringen* (R. Brockhaus: Wuppertal, 2006)

Wingert, Lutz, Gründe zählen: Über einige Schwierigkeiten des Bionaturalismus, in: Geyer, Christian (Hg.), *Hirnforschung und Willensfreiheit: Zur Deutung der neuesten Experimente* (Suhrkamp: Frankfurt a.M., 2004)

Yalom, Irvin D., *Theorie und Praxis der Gruppenpsychotherapie: Ein Lehrbuch,* aus dem Amerik. v. G. Teusner-Stampa u. T. Junek, 5. Aufl. (Pfeiffer bei Klett-Cotta: München, 1999)

Teil 2: Entstehung und Bewältigung seelischer Störungen

Ätiologie[136], Diagnostik und Therapie in der Kognitiven Seelsorge

Wie seelische Störungen zustande kommen

Wie seelische Störungen bewältigt werden

---

[136] Ätiologie ist die Lehre von der Entstehung der Störungen und Krankheiten.

Wie seelische Störungen zustande kommen

1. Die Ätiologie der seelischen Störungen

1.1. Reaktive und nicht-reaktive Störungen

1.1.1. Der rational-emotive Leitsatz

> „Nicht die Dinge selbst beunruhigen die Menschen,
> sondern ihre Meinungen und Urteile über die Dinge."[137]

Epiktet

Daraus folgt:

→ Viele psychische Störungen entstehen vor allem durch den Stress, den sich eine Person mit ihrem Stress macht. Man bezeichnet diese Störungen als *reaktiv*.

Bei nicht-reaktiven psychischen Störungen, deren Entstehungsherd also nicht in einem Bewertungsproblem liegt, kann die individuelle Bewertung des Problems entweder entlasten oder die Störung verstärken. Das bedeutet:

▸ Es gibt *gesunde* psychisch kranke Menschen und es gibt *kranke* psychisch kranke Menschen.

Die psychoanalytische Lehre von der Entstehung (Ätiologie) psychischer Krankheiten (Psychopathologie) sucht die Ursachen generell in der frühen Kindheit.[138] Die moderne Bindungsforschung bestätigt, dass frühkindliche Prägungen entscheidende Bedeutung für die Veranlagung zu psychischen Störungen haben. Auch in der Kognitiven Verhaltenstherapie (KVT) gehen wir davon aus, dass selbstschädigende Mussforderungen zu einem großen Teil durch die Erziehungserfahrungen des Kindes geprägt werden.[139]

ABER:

> „Ja, selbst aus der schrecklichsten Familie kann man teuerste
> Erinnerungen bewahren, wenn nur deine Seele selbst fähig ist,
> das Kostbare herauszufinden."

Fjodor Dostojewski[140]

---

[137] Epiktet, *Handbüchlein der Moral*, Griechisch/Deutsch, übersetzt u. hg. v. K. Steinmann (Philipp Reclam jun.: Stuttgart, 2004), 11.

[138] Vgl. Fritz Riemann, *Grundformen der Angst: Eine tiefenpsychologische Studie* (Ernst Reinhardt: München, Basel, 1992). Die vier Grundformen der Angst repräsentieren das Grundmuster der Psychopathologie in der Klassischen Psychoanalyse.

[139] Wie auch andere moderne Psychotherapieverfahren, z.B. die Transaktionsanalyse. Vgl. Eric Berne, *Spiele der Erwachsenen: Psychologie der menschlichen Beziehungen*, deutsch v. W. Wagemuth (Rowohlt: Reinbek, 1997 [1970]).

[140] Fjodor Dostojewski, *Die Brüder Karamasoff*, aus dem Russ. übertragen von E.K. Rahsin, 29. Aufl. (Piper: München, Zürich, 1999), 473.

<u>*Das bedeutet:*</u>

➜ Entscheidend, ob ich krank oder gesund mit meinen traumatischen Erfahrungen umgehe, ist der *Blickwinkel*, den ich einnehme.

➜ Jeder Mensch mit Vernunft und Verstand ist frei, seinen Blickwinkel selbst zu wählen.

1.1.2. Fließende Übergänge

Wenn auch die eigene Bewertung von Erfahrungen bei der Entstehung psychischer Störungen und Erkrankungen die Hauptrolle spielt, wäre es völlig überzogen, mehr oder weniger die ganze Psychopathologie unter diesen Gesichtspunkt zu fassen.

Am Beispiel der Depression lässt sich der fließende Übergang von nicht-reaktiver zu reaktiver Störung besonders gut zeigen (Abbildung 1).[141]

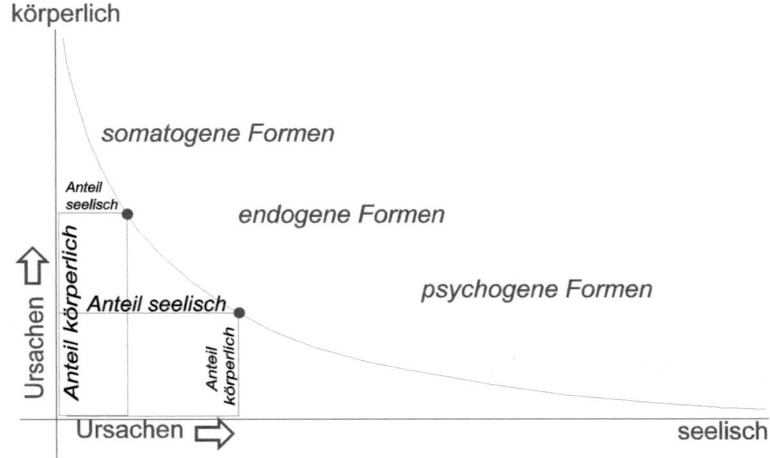

Abbildung 1: Der Übergang von reaktiven zu nicht-reaktiven Formen der Depression

Ähnlich ließen sich die Formen vieler anderer seelischer Störungen darstellen.

▸ <u>*Somatogen*</u> heißen Störungen und Erkrankungen, wenn sie mehr oder weniger ausschließlich *körperlich* bedingt sind.

▸ <u>*Endogen*</u> heißen Störungen, die weder eindeutige körperliche (somatogene) noch eindeutig reaktive (psychogene) Ursachen haben.

▸ <u>*Psychogen*</u> sind Störungen, die zu einem großen Teil durch bewertende Reaktionen auf Erfahrungen entstehen.

Da die Bezeichnung „endogen" unklar ist, wird heute weitgehend auf ihre Verwendung verzichtet.

Der weitaus größte Teil der psychischen Störungen ist vor allem *psychogen*. Allerdings hängt diese Ansicht auch vom Menschenbild ab: Wenn der Mensch, wie heute in weiten Kreisen der Wissenschaft üblich, ausschließlich als biologischer Mechanismus gesehen wird, lässt sich alles Psychogene auf somatogene Ursachen zurückführen. Dementsprechend gilt dann als schlechthin vorrangige Therapiemethode die Verabreichung von Medikamenten.

---

[141] Quelle der Grafik: Samuel Pfeifer, *Die Schwachen tragen: Moderne Psychiatrie und biblische Seelsorge* , 3. Aufl. (Brunnen: Basel, Gießen, 1994), 105.

1.1.3. Die drei Grundmuster

Zusammenfassend können wir festhalten, dass es drei Grundmuster der Entstehung seelischer Störungen und Erkrankungen gibt:

→ _Reaktiv:_ Das Problem entsteht vor allem durch die kognitive Bewertung.
→ _Nicht-reaktiv:_ Das Problem entsteht vor allem durch einen bewertungsunabhängigen Vorgang.
→ _Nicht-reaktiv und reaktiv:_ Das Problem entsteht einerseits durch einen nicht-reaktiven Vorgang, andererseits durch die kognitive Bewertung des nicht-reaktiven Vorgangs (z.B. die Angst vor der Angst).

Diese Grundmuster kann man als einen Konsens in der Psychotherapie betrachten, der vom jeweiligen Menschenbild unabhängig besteht. Anders verhält es sich mit der Frage, was überhaupt als „Problem" im Sinne einer Störung oder Erkrankung zu verstehen sei. Was soll als „normal" und „unnormal" oder gar „verrückt" gelten? Wie soll „Gesundheit" und „Krankheit" grundsätzlich definiert werden? Je nach Weltanschauung und Menschenbild gibt es dazu viele Ansichten, die manchmal erheblich voneinander abweichen. Am zuverlässigsten sind sicher Definitionen, die zum einen wissenschaftliche Glaubwürdigkeit beanspruchen und zum andern auch vom gesunden Menschenverstand bestätigt werden können. Drei Grundmodelle der Psychopathologie können das sicher für sich geltend machen: das _Diathese-Stress-Modell,_ das _transaktionale Stressmodell_ und das _Selbstkongruenz-Modell._

1.2. Hilfreiche ätiologische Modelle

1.2.1. Disposition, Belastung und Bewertung

Das aus der Schizophrenieforschung kommende _Diathese-Stress-Modell_ geht davon aus, dass sich die Stressbelastung, die eine Person zu meistern hat, für sie dann so schädigend auswirkt, dass eine psychische Störung daraus entsteht, wenn das Verhältnis der Belastung zur Belastbarkeit nicht mehr stimmt. Die Belastbarkeit ist abhängig von der psychophysischen _Disposition_ einer Person, die mit „Diathese" bezeichnet wird. Die Stressbelastung steht im Verhältnis zur Disposition wie der Schlüssel zum Schloss oder der Inhalt zum Fass - aus dem Überlaufen des Fasses würde somit die Störung entstehen. Dieses Modell leuchtet aus sich selbst heraus ein, es findet seine Bestätigung in zahllosen Beispielen: Das, was belastet wird, muss dazu geeignet sein, das zu tragen und zu verarbeiten, was belastet. Wenn das nicht der Fall ist, entstehen Schäden. Was zu viel ist, ist zu viel.

Für den Menschen bedeutet es zweierlei:

▸ Störungen entstehen durch _Unmäßigkeit_: eigentlich adäquate Belastungen verlieren das Maß. Es kann sich dabei sowohl um Angenehmes als auch um Unangenehmes handeln. Wer zum Beispiel zu viel Genussmittel konsumiert, belastet sich selbst mit angenehmen Dingen, die ihm, maßvoll gebraucht, gut tun würden, ihm aber im Übermaß Schaden zufügen, etwa in Form einer Suchtstörung.

- Störungen entstehen durch *Unverhältnismäßigkeit*: Dabei handelt es sich um Belastungen, die nicht mit der Natur der belasteten Person übereinstimmen, unnatürliche oder widernatürliche Belastungen also. Es steht ihr kein Bewältigungsmodus dafür zur Verfügung.

Es liegt auf der Hand, dass sowohl die Frage des Maßes als auch die Frage der Verhältnismäßigkeit ganz wesentlich davon bestimmt ist, was eine Person für angemessen *hält*. Wir können unangemessene Belastungen passend finden, aber auch angemessene als Überforderungen ansehen. Wir können Unnatürliches natürlich finden und Natürliches unnatürlich. Wenn unsere Einschätzungen der Realität nicht entsprechen, entsteht ein weiterer, entscheidener Stressfaktor über die Disposition und die erfahrene Belastung hinaus:

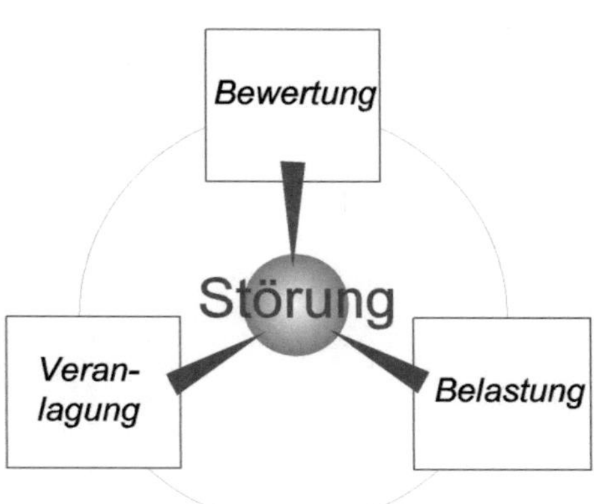

Abbildung 2:
Die drei Faktoren der Entstehung
seelischer Störungen

der Faktor *Bewertung* (Abbildung 2). Die Bedeutung dieses Faktors für das Stressmanagement hat vor allem Richard Lazarus untersucht und die Dynamik des Zusammenspiels von Bewertung und Belastung in seinem *transaktionalen Stressbewältigungsmodell* beschrieben.[142]

Abbildung 3 stellt die drei Faktoren mit einer Metapher dar:[143]

- *Faktor Disposition:* Jede Brücke im Straßenverkehr ist für ein „zulässiges Gesamtgewicht" gebaut. Das ist keine Frage des Wertes, sondern der Eigenart. Schwankende Hängebrücken über Gebirgsschluchten unterscheiden sich beträchtlich von Autobahnbrücken, aber darum taugen sie keineswegs weniger als diese.

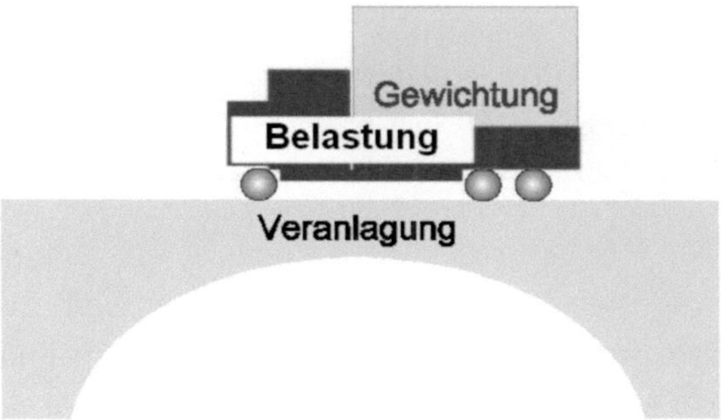

Abbildung 3:
Dispositionsbrücke, Realbelastung
und Bewertungsladung

- *Faktor Belastung:* Die *Realbelastung* durch das Leben, das so ist, wie es ist.
- *Faktor Gewichtung*: Die *Mentalbelastung* durch die Sichtweise, wie das Leben idealerweise zu sein *hätte*. Dementsprechend gewichten wir die Realbelastungen im Bezug zur Disposition entweder zu hoch oder zu gering. So kann aus relativ geringer Realbelastung durch unsere Sorge sehr schwerer Stress entstehen, ebenso wie durch die Leugnung einer überhöhten Realbelastung, der wir besser den Zutritt auf unsere Dispositionsbrücke verbieten sollten.

---

[142] Richard S. Lazarus, *Stress and Emotion: A New Synthesis* (Free Association Books: London, 1999).

[143] Hans-Arved Willberg, *Mach das Beste aus dem Stress: Wie Sie Ihr Leben ins Gleichgewicht bringen* (R. Brockhaus: Wuppertal, 2006), 9-11.

1.2.2. Das Selbstkongruenz-Modell[144]

Nach dem Ätiologiemodell der Rogers-Schule entstehen psychische Störungen durch das Spannungsverhältnis zwischen *Selbstideal* und tatsächlichem Selbst. *Selbstkongruenz* ist die Übereinstimmung zwischen Selbst und gesundem Selbstideal.

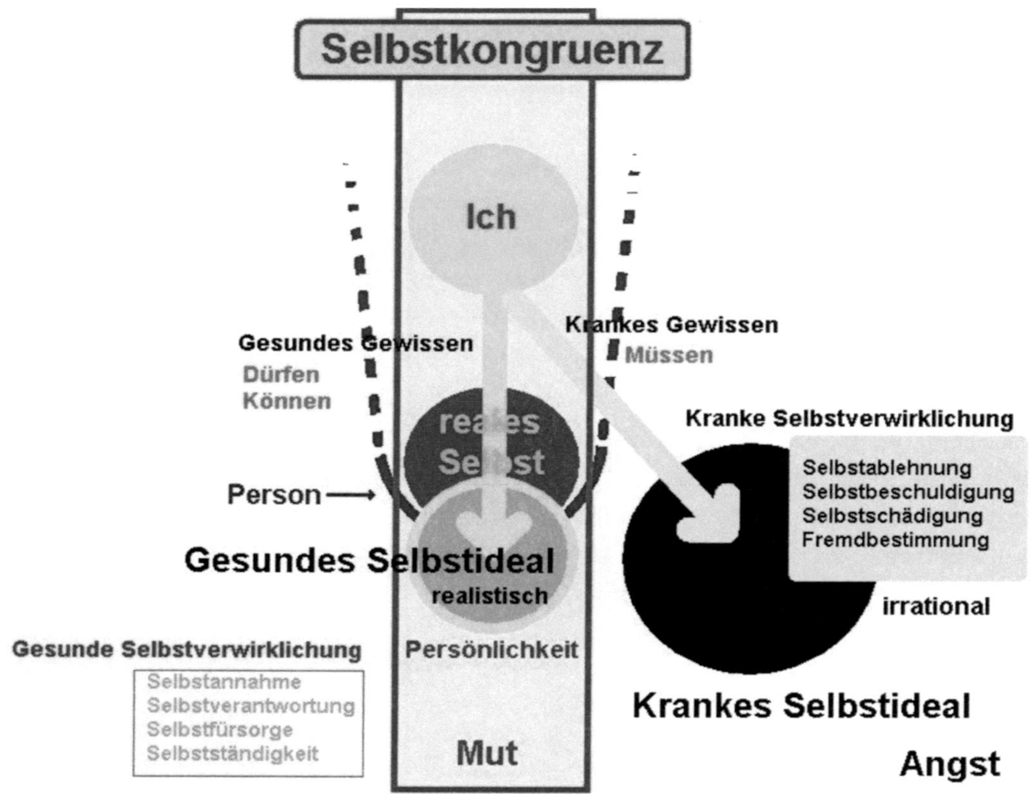

Abbildung 4: Das Selbstkongruenzmodell im Überblick

Der Vorgang der Annäherung an das gesunde Selbstideal wird *Selbstaktualisierung* genannt. Der Prozess der Selbstwahrnehmung im Bewusstwerden des Spannungsfeldes zwischen realem Selbst und Selbstideal heißt *Selbstexploration*. Ein krankes Selbstideal liegt vor, wenn das Ideal der natürlichen Disposition der Person, dem realen Selbst, also, nicht entspricht. Von gesundem Selbstideal darf gesprochen werden, wenn es darin besteht, die Ressourcen, die das reale Selbst in sich trägt, zur vollen Entfaltung gelangen zu lassen. Das gesunde Selbstideal ist wachstümlich angelegt; es liegt auf einer Linie mit dem realen Selbst, denn es entspricht dem tatsächlichen Potenzial des realen Selbst. Das kranke Selbstideal verbiegt das reale Selbst in eine Richtung, die ihm nicht angemessen ist. Es entsteht vor allem durch Introjekte der Erziehung.

Das reale Selbst gründet im Ich und damit in der Subjektivität der freien Selbstbestimmung. Sie kann objektiv reflektiert werden, aber sie ist nicht als Objekt verfügbar. Selbstbestimmung ist darum letztlich immer eine Angelegenheit der freien *Gewissensentscheidung* des Einzelnen. Ein anderes Wort für Selbstbestimmung ist Mündigkeit.

---

[144] Vgl. Carl R. Rogers, *Die klientenzentrierte Gesprächspsychotherapie,* mit Beitr. v. E. Dorfmann et al., aus d. Amerik. v. E. Nosbüsch, 14. Aufl. (Fischer Taschenbuch: Frankfurt a.M., 2000); Hans-Arved Willberg, *Grundlagen der seelsorgerlichen Gesprächsführung*, Lehrbücher aus dem Institut für Seelsorgeausbildung (ISA), Bd. 1 (Books on Demand: Norderstedt, 2010).

Die Hauptquelle der *irrational Beliefs* im ABC-Modell der Rational-Emotiven Verhaltenstherapie ist nichts anderes das kranke Selbstideal. Es entspricht weder den authentischen Bedürfniszielen der Person noch ist es realistisch. *Selbstkongruenz* kommt durch die Angleichung von gesundem Selbstideal (E) und realistischer Situationsbewertung (rB) zustande.

1.3. Lerntheorie der Entstehung seelischer Störungen

Iwan Pawlow (1849-1936) hat Anfang des 20. Jahrhunderts als erster den Zusammenhang zwischen Reiz und Reaktion bei hoch entwickelten Lebewesen systematisch untersucht. Er ist besonders durch seine Hundeexperimente bekannt geworden, dem Urbeispiel einer *„klassischen Konditionierung"*. Pawlow beschäftigte sich mit den Variablen „S" = *„Stimulus"* (Situation) und „R" = *„Response"*.

Klassische Konditionierung bedeutet: Ein Reiz führt unmittelbar zu einer Reaktion und durch Wiederholung des Reizes wird die Reaktion zur *unbewusst eintretenden Gewohnheit*. Der Lerneffekt breitet sich auf ähnliche Reize aus. In Pawlows Hundeversuchen wurde die Fütterung mit einem Glockenton verbunden. Durch genaue Messungen des Speichelflusses konnte Pawlow empirisch nachweisen, wie der Reiz des Futters sich in der Wahrnehmung der Hunde mit dem Glockenreiz so zusammenschloss, dass dieser dieselbe Bedeutung wie der Futterreiz für die Hunde übernahm. Der Speichelfluss trat auch ein, wenn nach einer Zeit nur noch die Glocke geläutet wurde.

Klassische Konditionierung findet überall dort statt, wo ein Lebewesen durch schlichte Koppelung von Reizen etwas lernt. Sehr vieles in der Werbung funktioniert nach diesem Prinzip. Wenn zum Beispiel der Genuss einer Biermarke mit wunderschönen Landschaftsbildern verknüpft wird, enstehen sowohl bei der Begegnung mit entsprechenden Landschaften wie mit der Marke lusterregende Assoziationen.

➔ *Klassische Konditionierung* findet statt, wenn der junge Esel sich daran gewöhnt, neben seinen Eltern herzulaufen, während sie den Karren ziehen. Irgendwann wird auch ihm das Joch aufgelegt und er lässt es sich gefallen, weil ihm die Situation bereits vertraut ist. **S-R**

Etwa zeitgleich mit Pawlow erforschte *Edward Thorndike* (1874-1949) die *operante Konditionierung*. Aus diesen Forschungsergebnissen entstand die *Verhaltenstherapie*. Ihre therapeutische Umsetzung ist vor allem *John B. Watson* (1878-1958) und *Burrhus Frederic Skinner* (1904-1990) zu verdanken. Thorndike, Watson und Skinner sind die Hauptvertreter des psychologischen *Behaviorismus*. Diese Wissenschaftler gingen davon aus, dass grundsätzlich jedes menschliche Verhalten von seinen Konsequenzen her zu verstehen und zu verändern ist. Der Mensch verändere sich sowohl im Negativen als auch im Positiven durch Lernprozesse. Wenn man die Mechanismen des Lernens verstehe, könne man ihm durch sytematisches Training neue, für ihn günstige Verhaltensweisen beibringen.

„Operant" bedeutet in diesem Zusammenhang, dass die Reaktion (Response) davon abhängt, welche Wirkung damit verbunden ist, nämlich von der Frage, ob sich die Reaktion *lohnt* oder nicht. Lernen durch operante Konditionierung ist

Lernen aufgrund der Erwartung von Belohnungen oder Strafen. Diese nennt man in der Verhaltenspsychologie *Verstärker*. Sie werden mit dem Buchstaben C (für „Consequence") bezeichnet.

Es gibt vier Grundformen von Verstärkern: Belohnung durch Hinzufügen oder Wegnehmen und Bestrafung durch Hinzufügen oder Wegnehmen.

➔ *Operante Konditionierung* findet statt, wenn der junge Esel seine Ausbildung als Zugtier erhält. Bekanntlich hält der Eseltreiber ihm dazu an einer langen Angel eine Rübe vor die Nase und droht ihm im Wechsel damit von hinten mit der Peitsche.   **S-R-C**

Die Effektivität des jeweiligen Verstärkers hängt von seiner Stärke und Frequenz ab. Diesen Faktor nannte man *Kontingenz* (K). Es handelt sich um den Zusammenhang zwischen der Art und Häufigkeit des Einsatzes eines Verstärkers und der Wirkung. Zum Beispiel wurde festgestellt, dass der Lernerfolg bei operantem Konditionieren dann am größten ist, wenn die Belohnungen zuerst immer nach dem gewünschten Verhalten gegeben werden, später aber nur noch ab und zu.

Das lerntheoretische Schema sowohl der Entstehung von seelischen Störungen als auch ihrer Überwindung in der klassischen Verhaltenstherapie lautet somit S-R-K-C. Das bedeutet: Der Mensch lernt günstiges wie auch ungünstiges Verhalten vor allem als Reaktion (R) auf einen Reiz (S) aufgrund einer angenehmen oder einer unangenehmen Konsequenz (C), deren Auswirkung auf den Lernerfolg davon abhängt, welche Bedeutung (K) sie für ihn hat.

➔ Wie holt der Treiber die Bestleistung aus dem Esel heraus? Gibt er ihm zu viele Rüben, lässt die Motivation nach, gibt er ihm zu wenige und droht zu arg mit der Peitsche, passiert dasselbe.   **S-R-K-C**

Der Behaviorismus interessierte sich ausschließlich für empirisch nachvollziehbare Kausalwirkungen. Für menschliche Willensfreiheit hatte er keinen Platz. Alle Phänomene des menschlichen Geistes, die nicht in das Schema von Konditionierungsvorgängen zu fassen waren, ordnete er dem Begriff der „Blackbox" unter. Damit wurde nicht behauptet, dass es tatsächlich relevante Verhaltensursachen jenseits des Konditionierungsschemas geben könne, sondern dass solche Faktoren lediglich in ihrer Wirkungsweise noch unbekannt waren.

Von den 40er Jahren bildete sich in der Psychotherapieszene mit den *Humanistischen Psychotherapieformen* ein zunehmend gewichtiger Gegenpol zu den mechanistischen Anschauungen sowohl des Behaviorismus als auch der Psychoanalyse. Unmittelbar herausfordernd wurde das von den 50ern an für die Verhaltenstherapie vor allem durch die wachsenden Erkenntnisse der *Kognitionspsychologie*, die mit der Entstehung der *Kognitiven Therapien* einhergingen. Es ereignete sich ein Umschwung, den man im Nachhinein als „*Kognitive Wende*" bezeichnete. Daraus resultierte nicht zuletzt die Erneuerung der verhaltenspsychologischen Grundkonzeption als Basis der Verhaltenstherapie. Wegbereitend dafür war *Albert Bandura* (*1925). Zeitgleich mit Bandura entwickelte *Frederick H. Kanfer* (1925-

2002) in den 60ern das S-R-K-C-Modell weiter, indem er sozusagen jene „Blackbox" als eigenständigen Faktor in das Grundmodell der Erklärung menschlichen Verhaltens integrierte. Er bezeichnete diesen Faktor als die „Organismusvariable" (O). Damit ist der Gesamtorganismus in seiner Einheit von Körper, Seele und Geist und unter Berücksichtigung seiner sozialen Einbindung gemeint. Die Kognitionen sind hier ganz integriert und spielen die wichtigste Rolle. Damit öffnete sich Verhaltenstherapie vollends für die Kognitive Therapie.

Die O-Variable fasst die Ursachen zusammen, die den Gesamtorganismus zu einem Verhalten R veranlassen können, um ein bestimmtes Verhaltensziel C zu erreichen. Entscheidend sind dabei die mentalen Situationsbewertungen.

➔ Der Esel denkt darüber nach, ob er sich weiter vom Treiber schinden lassen möchte. Er kommt zum Schluss, den Dienst zu verweigern. Kein zehn Pferde können ihn noch dazu bewegen, weiter den Karren zu ziehen. Allerdings: Nachdenkende Esel sind wahrscheinlich ziemlich selten, während Menschen, die auf das Nachdenken verzichten, leicht mit Eseln verwechselt werden können...

S-O-R-K-C

Das S-O-R-K-C-Raster ging als grundlegendes Modell in die verhaltenstherapeutische Theorie und Praxis ein. Den Grund dafür formuliert Kanfer so:

„Diese Verhaltensformel stellt die kleinste Analyseeinheit einer Verhaltensepisode dar und faßt die Hauptkomponenten zusammen, die zum Zeitpunkt eines Verhaltens [...] auftreten und dessen Auftretenswahrscheinlichkeit beeinflussen."[145]

---

[145] Frederick H. Kanfer, Hans Reinecker, Dieter Schmelzer, *Selbstmanegement-Therapie: Ein Lehrbuch für die klinische Praxis,* 2., überarb. Aufl. (Springer: Berlin, Heidelberg, New York, 1996), 244.

2. Diagnostik und Struktur der Beratung

2.1. Diagnostik

Der erste Schritt auf dem Weg zur Diagnose ist neben der Anamnese (vgl. unten) das Erfassen des Gesamteindrucks des Klienten. Die Beratungsperson richtet ihre Aufmerksamkeit auf folgende Gesichtspunkte:[146]

Erscheinungsbild	Kleidung, Körperpflege, Anzeichen von Krankheit
Verhalten und Motorik	z.B. Misstrauen, Ängstlichkeit, Zittern
Sprechweise	z.B. schnelles Reden, langsam-monotones Reden
Affekt	Erkennbare Stimmungen und Gefühle
Denkprozesse	Gedankenorganisation, Aufmerksamkeit etc.
Denkinhalte	Logik, Zwanghaftigkeit etc.
Intellektuelles Leistungsniveau	z.B. Wortfindungsprobleme, Abstraktionsprobleme
Gedächtnis	z.B. Beeinträchtigung des Kurzzeitgedächtnisses
Orientierung	z.B. Uhrzeit, Datum, örtliche Gegebenheiten erkennen
Einsicht	Selbstreflexivität, Krankheitseinsicht

Das diagnostische Procedere der Kognitiven Verhaltenstherapie unterscheidet sich im zweiten Schritt von herkömmlichen Diagnoseverfahren dadurch, dass sie[147]

▸ die Person nicht auf bestimmte Eigenschaften und psychopathologische „Schubladen" festlegt und
▸ stringent auf Therapieplanung und -prozess ausgerichtet ist.

Daraus folgt, dass die Diagnostik notwendig flexibel ist und nicht als ein in sich geschlossener Block mit mehr oder weniger großer therapeutischer Relevanz für sich steht. Dennoch gibt es einige Stufen des Vorgehens, die aufeinander bauen und darum auch am besten in dieser Reihenfolge zu beschreiten sind.

2.1.1. Die Anamnese

Die Anamnese dient dem Kennenlernen der Person, ihrer Problematik und ihres Umfeldes. Klienten und Patienten kommen normalerweise mit einem bestimmten Leidensdruck in die Therapie. Das präsentierte Problem zieht begreiflicherweise den Blick auf sich. Das kann zur Folge haben, dass andere Problemfelder, die der Klient nicht oder nur am Rande erwähnt, gar nicht wahrgenommen werden. Im Bild gesprochen: Er bittet um Hilfe bei der Abdichtung eines Lecks im Bootsrumpf. Aber auf der anderen Seite des Rumpfes ist ein viel größeres Leck!

---

[146] Hans-Ulrich Wittchen (Hg. und Bearbeiter), *Handbuch der psychischen Störungen: Eine Einführung*, 2. neu ausgestattete Aufl., Hg. der Originalausgabe F.I. Kass, J.M. Oldham, H. Pardes (Beltz, Psychologische Verlags Union: Weinheim, 1998), 26f.
[147] F.H. Kanfer et al., a.a.O., 105.

Das Boot geht unter, auch wenn das gezeigte Leck noch so mustergültig bearbeitet wird. Aber auch das Gegenteil kann passieren: Die Beratungsperson sieht zu viel Problem und zu wenig Ressource. Würde sie sich aber die Gesamtsituation des Patienten erst einmal in Ruhe betrachten, so könnte sie das Problem in der Relation zu den Ressourcen des Klienten besser einschätzen: Da ist ein Leck, ja, aber das Boot ist insgesamt doch in sehr gutem Zustand. Diese Einschätzungen haben hohe Bedeutung für die Therapieplanung.

Aus der Anamnese geht normalerweise auch bereits hervor, welche Art von Intervention dem Klienten wohl am besten helfen wird. Entsprechend können gleich entscheidende Weichen gestellt werden. Am wichtigsten ist die Klärung, ob die Person überhaupt an der richtigen Adresse ist. Das sollte bis zum Ende des Erstgesprächs deutlich geworden sein. Ausschlusskriterien sind:

- Hochgradige Gefährdung der Person (z.B. Missbrauchs- und Gewalterfahrung, Drohungen, Suizidalität).
- Andere hochgradig akute Probleme, die unbedingt Vorrang beanspruchen (z.B. akute schwere körperliche Erkrankung, akutes Suchtproblem).
- Fehlende Krankheitseinsicht bei signifikanter Symptomatik (z.B. akute Psychose, Wahn, Manie, Drogeneinfluss).
- Erkennbar nicht vorhandene Therapiemotivation (z.B. Therapie nur wegen Druck der Eltern oder des Partners).
- Bereits laufende Psychotherapie bei einer anderen Person (hier gibt es Ausnahmen, zum Beispiel im Übergang, wenn ein Wechsel vernünftig erscheint).
- Deutlich unangemessene Erwartungen des Klienten aufgrund falscher Vorstellungen oder Informationen.
- Intellektuelle Therapieunfähigkeit.
- Überforderung der Beratungsperson aufgrund mangelnder Kompetenz für die spezifische Problemlage.

Zur Anamneseerhebung empfiehlt sich die Verwendung von Fragebögen, die der Klient bereits vor dem Erstgespräch ausfüllt. Dadurch kann unnötiger Beratungsaufwand vermieden werden, der nur Zeit und Geld kosten würde. Die Beratungsperson sollte sich immer bewusst machen, dass der Klient vernünftigerweise kein Interesse hat, ein langes Vorprogramm zu absolvieren, bis es endlich an die konkrete Bewältigungsarbeit geht. Darum muss er ein gesundes Maß finden, das der notwendigen Sorgfaltspflicht und der ausreichenden Informationserhebung Genüge tut, aber auch weglässt, was *nicht* nötig ist.

Natürlich ist es wichtig, dass die Beratungsperson den Fragebogen vor dem Erstgespräch sorgfältig gelesen hat und dass sie darauf Bezug nimmt. In der Regel wird sie bei manchen Punkten noch vertiefend weiterfragen. Das Durchgehen der Antworten auf dem Fragebogen ist ein sehr guter Gesprächseinstieg. Üblicherweise hat der Klient selbst das Bedürfnis, die knappen schriftlichen Antworten noch weiter mündlich auszuführen.

2.1.2. Das BASIC-ID[148]

Arnold Lazarus hat in den 70er Jahren ein ganzheitliches Anamnesschema entwickelt, das die Grundlage seiner methodenpluralen *Multimodalen Therapie* bildete. Er nannte es BASIC-ID. Es ging ihm darum, die verhaltenstherapeutische Eingangsdiagnostik möglichst umfassend zu gestalten und von dieser breit gefächerten Bestandsaufnahme her direkt und sehr differenziert die für alle erfassten Einzelbereiche passenden Maßnahmen zu ergreifen. Im Bild gesprochen: Lazarus begnügte sich nicht mit der Überprüfung, ob es neben dem präsentierten Leck noch weitere, möglicherweise größere, im Bootsrumpf gibt, und mit einem groben Gesamtüberblick des Bootes. Er checkte stattdessen das gesamte Boot durch und setzte die therapeutischen Maßnahmen an allen Stellen an, die ihm behandlungsbedürftig erschienen. Dieses Maßnahmenbündel wurde in die verhaltenstherapeutische Gesamtkonzeption intergriert. Zugrunde liegt eine ganzheitliche Sichtweise des Menschen, die davon ausgeht, dass es besser ist, ein Problem nicht isoliert zu betrachten, weil die verschiedenen Problemfelder in Seele und Körper des Menschen interagieren.

Anamnese und Indikation mit dem BASIC-ID[149] an einem Beispiel[150]

	Modalität	Problem	Therapievorschlag
B	Verhalten	Trinkexzesse Meiden anderer Leute Negative Selbstbewertungen	Selbstkontrollverfahren Selbstsicherheitstraining
A	Affekt	Depressive Apathie	Aktivitätenaufbau
S	Empfindungen	Verspannungsgefühle an Kopf und Rücken	Progressive Muskelentspannung
I	Vorstellungen	Traumatische Erinnerungen an elterliche Streitszenen	Imaginationstraining
C	Kognitionen	Selbstabwertungen Schuldgefühle	Disputation irrationaler Bewertungen
I	Sozialbeziehungen	Ehekrise; ständige Konflikte mit den Kindern	Familientherapie
D	Medikamente + biol. Faktoren	Übermäßiger Alkoholkonsum Tranquilizer	Alkoholentwöhnung, Ausschleichen des Tranquilizers; Antidepressivum

Das BASIC-ID eignet sich wohl vor allem für den Gebrauch im klinisch-stationären Kontext. In einer Heilpraxis für Psychotherapie, die sich per definitionem im Übergangsbereich zwischen psychologischer Beratung und Therapie von psychischen Erkrankungen befindet, nähme der ziemlich umfangreiche Fragebogen des BASIC-ID etwas viel Raum ein. Es ist eher kontraproduktiv, Klienten gleich mit dergleichen zu belasten.

---

[148] Arnold A. Lazarus, (Hg.), *Multimodale Verhaltenstherapie,* aus d. Amerik. v. W. Stifter u. H.A. Stiksrud (Fachbuchhandlung für Psychologie: Frankfurt a.M., 1978); zur Einführung vgl. Arnold A. Lazarus, Multimodale Therapieplanung (BASIC-ID), in: Martin Linden, Martin Hautzinger, *Verhaltenstherapie: Techniken, Einzelverfahren und Behandlungsanleitungenk,* 3., überarb. u. erw. Aufl. (Springer: Berlin, Heidelberg, New York, et al., 1996), 47-51.

[149] B = behavior, A = affect, S = sensation, I = imagery, C = cognition, I = interpersonal relationship, D = drugs and biological factors.

[150] Leicht verändert nach A.A. Lazarus, Multimodale Therapieplanung, 49.

Fraglich ist ferner, wie im normalen ambulanten Therapieprozess ein derartiges Breitbandspektrum von Maßnahmen umgesetzt werden soll. In der Regel ist es hilfreicher, sich auf *einen* Ansatzpunkt zu konzentrieren. Oft generalisiert sich dann der Erfolg im Sinne eines Schneeballeffekts. Zudem enthalten die Behandlungsmanuale der Kognitiven Verhaltenstherapie üblicherweise ein Sortiment verschiedener, ineinander greifender Methoden.

Hilfreich ist es aber auf jeden Fall, bereits in der Anamnese die ganzheitliche Perspektive des BASIC-ID einzunehmen und dabei die sieben dort abgefragten Bereiche in den Blick zu nehmen. Daraus kann sich auch ein phasenweises Vorgehen ergeben (z.B. erst Medikation, dann kognitive Arbeit am Selbstwertproblem, dann Paartherapie).

2.1.3. Die Verhaltensanalyse[151]

Es kommt bei der Diagnostik vor allem darauf an, das Problemverhalten möglichst präzise zu analysieren. Einem Chirurgen ähnlich, der weder Gesundes herausschneiden noch bei der Operation von Krankem den Organismus des Patienten überfordern darf, sollte auch die Beratungsperson ziemlich genau wissen,

▸ wo die Grenze zwischen dem Problemverhalten und dem Normalverhalten des Klienten verläuft und
▸ wo aufgrund der Gesamtdisposition des Klienten das Ziel und die Grenze der Intervention liegt.

Dazu benötigt sie genügend Informationen über

▸ das konkrete Problemverhalten und
▸ die Gesamtkonstitution des Klienten.

Daraus ergeben sich zwei diagnostische Schwerpunkte:

▸ Die situative Verhaltensanalyse
▸ Die kontextuelle Verhaltensanalyse.

Die situative Verhaltensanalyse

Die situative Verhaltensanalyse befasst sich mit dem konkreten, akuten Problemverhalten. Wo genau „drückt der Schuh"? Das übliche verhaltensanalytische Verfahren in der Verhaltenstherapie bedient sich der SORKC-Analyse.[152]

Aus „pragmatischen und didaktischen Gründen" wird das SORKC-Modell im verhaltenstherapeutischen Lehrbuch „Selbstmanagement-Therapie", das Kanfer zusammen mit Hans Reinecker und Dieter Schmelzer verfasste, in vereinfachter Form als S-O-V-K- Modell vorgestellt:[153]

---

[151] F.H. Kanfer et al., a.a.O., 233-270.

[152] Martin Hautzinger, Verhaltens- und Problemanalyse, in: Martin Linden, Martin Hautzinger, *Verhaltenstherapie: Techniken, Einzelverfahren und Behandlungsanleitungenk,* 3., überarb. u. erw. Aufl. (Springer: Berlin, Heidelberg, New York, et al., 1996), 36-41.

[153] Die Kontingenz fehlt hier, dadurch ist das „K" frei für die „Konsequenz". „R" = „Reaktion" wird zu „V" = „Verhalten". Vgl. zu diesem Modell F.H. Kanfer et al., a.a.O., 235-264.

S	O	V	K
Situation	Unmittelbare Reaktion des Organismus	Daraus folgendes Verhalten	Daraus folgende Konsequenz

Das SOVK-Modell eignet sich gut zur Analyse eines problematischen Verhaltens. Dieses Verfahren kann im Verlauf einer Beratung wiederholt durchgeführt werden, um jeweils neu das erfahrene Problem konkret „auf den Punkt" zu bringen, immer wieder auftretende problematische Verhaltensmuster und automatische Gedanken erkennbar zu machen und nach gesünderen Wegen zu den intendierten bedürfnisrelevanten Konsequenzen des Verhaltens zu suchen.

Die Variablen der Problementstehung

Die *O-Variable*, aus der das Problemverhalten resultiert, setzt sich nach Kanfer et al. aus drei Faktoren zusammen:[154]

- *Alpha-Variablen:* Externale Faktoren.
- *Beta-Variablen:* Internale Faktoren = Bewertungen der Alpha-Variablen.
- *Gamma-Variablen:* Internale Faktoren = biophysische Voraussetzungen.

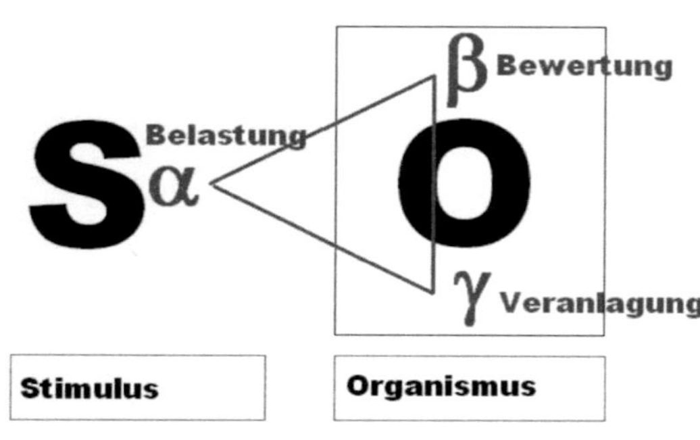

Abbildung 5:
Die drei Variablen der Problemverursachung

Unter *Alpha-Variablen* versteht man alle möglichen äußeren Reize. Unter die *Beta-Variablen* werden nicht nur die augenblicklichen Bewertungen gefasst (automatische Gedanken und Beliefs), sondern auch alle möglichen kognitiven Muster und Gedächtnisinhalte, Zielvorstellungen, Phantasien, Wünsche und Werte, die für das Problemverhalten eine Rolle spielen können (im BASIC-ID „Vorstellungen" und „Kognitionen"). Mit *Gamma-Variablen* ist die biologisch-physiologische Ebene insgesamt gemeint (endokrine Vorgänge, Einflüsse durch psychotrope Substanzen, Gene, Temperament, Immunsystem, Hirnschädigungen, körperliche Krankheiten mit psychischer Wirkung).

Die drei Variablen entsprechen den in Abbildung 2 dargestellten drei Störungsursachen.

SORKC und ABC-Methode

Das Grundmodell der situativen Verhaltensanalyse ist kongruent mit der ABC-Analyse in der REVT. In der folgenden Abbildung sind das SORKC-Modell, die für den praktischen Gebrauch vereinfachte SOVK-Analyse nach Kanfer et al.[155] sowie das ABC-Modell nach Albert Ellis zusammengestellt.

---

[154] Ebd., 28-33.
[155] Ebd., 244.

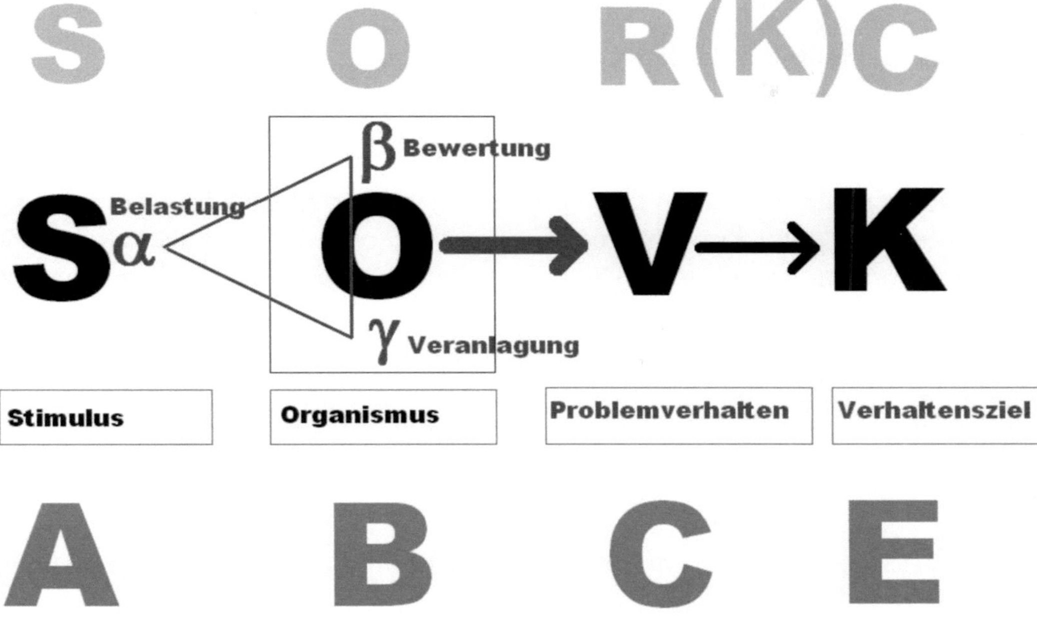

Abbildung 6:
SORKC, SOVK und ABC-Schema.

In der ABC-Analyse bestehen die Stimuli (A) nicht nur in äußeren Faktoren, sondern es können auch Gedanken, Empfindungen und Erinnerungen Auslöser sein. Das widerspricht nicht dem SOVK-Modell, weil man auch dort Wechselwirkungen zwischen den Variablen konstatiert. Zum Beispiel können hormonell bedingte erfahrene Stimmungsschwankungen (Gamma-Variable) zu Auslösern (A) werden. Ferner sind die Wechselwirkungen zwischen Beta- und Gammavariablen zu beachten. Zum Beispiel werden negative Bewertungen (Beta-Variable) durch einen erhöhten Stresspegel getriggert. Antidepressiva (Gamma-Variable) beeinflussen beispielsweise die Situationsbewertung (Beta-Variable).

Es ist ganz angemessen, wenn die situative Verhaltensanalyse in erste therapeutische Schlussfolgerungen und Umsetzungen einmündet. Wer ein ABC analysiert hat, darf getrost mit der Disputation fortfahren.[156]

Ziel- und Motivationsanalyse

Der Klient hat einen jeweils kurzfristigen Gewinn von seinem Problemverhalten, sonst würde er es unterlassen. Im SORKC-Modell steht für diesen Zusammenhang der Faktor „K" = „Kontingenzverhältnis", der besagt, wie hoch die Wirksamkeit des Verstärkers „C" auf die Verhaltensmotivation ist. Die Attraktivität dieses Gewinns wird immer dann, wenn der Klient sich dafür entscheidet, so stark, dass er den damit verbundenen Folgestress in Kauf nimmt. Dieser Stress begünstigt wiederum das Problemverhalten, weil der Organismus auf Entlastung drängt und sich dafür die kurzfristig erleichternde Kompensationsmaßnahme als scheinbar Nächstliegendes anbietet. So erhält die Störung ihre Eigendynamik.

---

[156] „Diagnostische und therapeutische Aktivitäten stehen [...] in sehr engem Zusammenhang. [...] In praktischer Hinsicht ist es [...] nicht möglich, Diagnostik von Therapie scharf zu trennen. F.H. Kanfer et al., a.a.O., 113.

In der Zielanalyse geht es um folgende Fragen:

> Worin liegt der kurzfristige Gewinn des Problemverhaltens?
> Mit welchem Folgeproblem bezahlt die Person dafür?
> Welches echte Bedürfnis kompensiert sie durch ihr Problemverhalten?

Vom Ziel her zeigt sich dann der therapeutische Weg. Es gilt, dem *hedonistischen Kalkül* gemäß[157] den kurzfristigen Gewinn zugunsten einer kurzfristigen Herausforderung zu unterbinden. Die Herausforderung besteht darin, die Blockade zur Erfüllung des echten Bedürfnisses (E) durch entsprechende konkrete Verhaltensänderungen zu überwinden.

Durch die Zielanalyse wird nicht zuletzt transparent, wo *Widerstände* des Klienten zu erwarten sind. Für den Beratungsprozess ist es wichtig, sich dieser Klippen bewusst zu sein.

Therapeutische Beratung funktioniert also nicht ohne Überwindung von Widerstand! Daraus folgt, dass es wesentlich darauf ankommt, wie und wozu der Klient motiviert ist. Therapie als Hilfe zur Selbsthilfe kann ihn ja nur in dem unterstützen, was er selbst erreichen will. Mindestens so viel Motivation muss vorhanden sein, dass er den notwendigen kurzfristigen Therapiefrust um des erhofften Gewinns willen in Kauf nimmt.

Motivationsforscher haben folgende Gleichung aufgestellt:[158]

$$\text{Movitation} = \text{Erwartung} \times \text{Wert}$$

> *„Erwartung"* meint: Die subjektive Vorstellung, durch mein absehbares Verhalten zum Ziel gelangen zu können.
> *„Wert"* meint: Die Bedeutung, die das Ziel für mich hat.

Hohe Erwartung kann niedrigen Wert ausgleichen	*Beispiel:* Ich spüle „schnell mal eben" das Geschirr, obwohl es mir lästig ist (geringer Wert), aber ich mache es trotzdem, denn ich schätze ab, dass es mich wenig Zeit und Kraft kosten wird (hohe [Erfolgs-]Erwartung).	*Rechenexempel:* Erwartung von 9 auf einer Skala von 0 bis 10. Wert von 0,5. > 9 mal 0,5 = 4,5 Motivationswert. Reicht gerade, um es zu tun...
Hoher Wert kann niedrige Erwartung ausgleichen	*Beispiel:* Ich lerne trotz geringer Erfolgsaussichten auf eine Prüfung, weil ich den Abschluss unbedingt erreichen will.	

Wenn zum Beispiel aufgrund hoher Angsterwartung (Katastrophisieren) der Wert, der für die Person im Überwindungsziel liegt, die Motivation nicht entscheidend bestimmen kann, liegt das an einem *irrational Belief*, der bewusst gemacht und bearbeitet werden kann, um die nötige Motivation freizusetzen.

---

[157] Vgl. Teil 1, 37ff.
[158] Klaus Grawe, *Psychologische Therapie*, 2., korr. Aufl. (Hogrefe: Göttingen u.a., 2000), 43; Heinz Heckhausen, Heinz, *Motivation und Handeln: Lehrbuch der Motivationspsychologie* (Springer: Berlin u.a., 1980), 42.

Die Motivations- und Zielanalyse wird sinnvollerweise zu großen Teilen in die situative Verhaltensanalyse integriert. Überhaupt sollte die Motivations- und Zielanalyse prozessbezogen durchgeführt werden, nicht zuletzt weil Motivationsprobleme in der Regel erst im Therapieverlauf in Erscheinung treten (z.B. wenn ein Klient therapierelevante Hausaufgaben nicht macht).

Um sowohl die Motivationsschwerpunkte als auch die Motivationsblockaden eines Klienten zu orten, wurde in Klaus Grawes Therapiezentrum der Fragebogen zur Analyse Motivationaler Schemata (FAMOS) entwickelt (Abbildung 7).[159] Er kann zum Beispiel wie auch andere persönlichkeitsdiagnostische Instrumente zur Unterstützung des Zielfindungsprozesses eingesetzt werden.

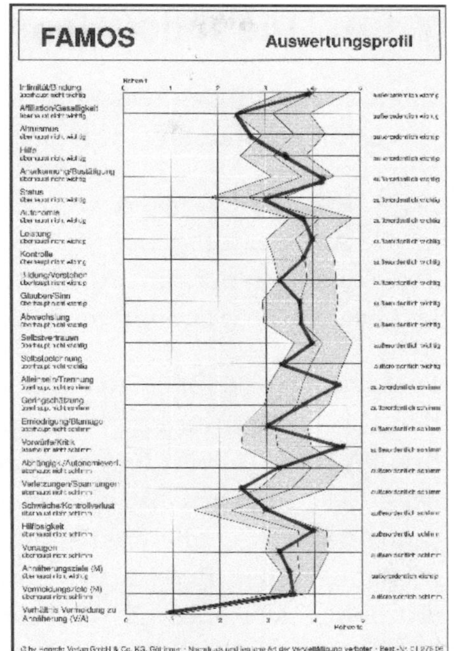

Abbildung 7:
Auswertungsprofil des
FAMOS-Fragebogens

Die kontextuelle Verhaltensanalyse

Mit „Kontext" meinen wir in diesem Zusammenhang zweierlei:

▸ Wie das Problemverhalten in die Lebensgeschichte des Klienten eingebettet ist und
▸ wie es in sein gegenwärtiges Beziehungssystem eingebettet ist.

Insofern kann man zur kontextuellen Verhaltensanalyse auch *Bedingungsanalyse* sagen: Durch welche Bedingungen ist das Problemverhalten entstanden? Unter welchen Bedingungen wird es aktiviert? Welche Bedingungen erhalten es aufrecht? Mit welchen förderlichen oder erschwerenden Bedingungen ist bei der Therapie zu rechnen?

Kontextanalyse meint das Ausleuchten des Hintergrunds der situativen Alpha-, Beta- und Gamma-Variablen. Zum Beispiel:

▸ Welche Rolle spielt das Problemverhalten im Familiensystem?
▸ In welchen Erziehungserfahrungen wurzelt die Mussforderung, durch die das Problemverhalten aktiviert wird?
▸ Welche Stressfaktoren erlebt die Person am Arbeitsplatz?
▸ Welche Traumatisierungen hat die Person erfahren?

Die kontextuelle Verhaltensanalyse ergibt sich normalerweise zu großen Teilen aus der situativen.

---

[159] Martin Grosse Holtforth, Klaus Grawe, *FAMOS: Fragebogen zur Analyse Motivationaler Schemata. Manual* (Hogrefe, Verlag für Psychologie: Göttingen, Bern, Toronto, Seattle, 2002).

2.1.4. Die Indikation[160]

International gibt es zwei offizielle Klassifikationssysteme für psychische Störungen und Erkrankungen: Das *DSM* und das *ICD*.

DSM bedeutet *Diagnostic and Statistical Manual of Mental Disorders*. Herausgeber ist die American Psychiatric Association (APA). Seiner differenzierten Erfassung von Störungen auf fünf Achsen wegen wird es weltweit geschätzt, Verbindlichkeit beansprucht es aber nur in den USA.

Für den Rest der Welt maßgeblich und insofern auch für die Abrechnung mit den Krankenkassen verpflichtend ist das ICD-10 der Weltgesundheitsorganisation WHO. ICD heißt *International Classification of Diseases and Related Health Problems*, die „10" steht für die derzeit zehnte Version. Im Unterschied zum DSM umfasst das ICD alle medizinischen Störungs- und Krankheitsbilder. Kapitel 5 trägt den Titel „Psychische Störungen und Verhaltensstörungen". Sie werden mit dem Buchstaben „F" chiffriert. Daraus ergibt sich der Titel *ICD-10, Kapitel V(F)*. Die Aufteilung, Untergliederung und Beschreibung der Störungen und Erkrankungen in diesem Band ist die jeweils aktuelle und weltweit verbindliche Ordnung der *Nosologie*[161] psychischer Erkrankungen.

Die Kurzbezeichungen der Krankheitsbilder in Kapitel V des ICD-10 bestehen aus dem Buchstaben F, der Ziffer für die Hauptkategorie des Störungsbereichs und weiteren Ziffern zur genauen Differenzierung. Nach diesen Kurzbezeichnungen rechnen auch die Psychotherapeuten und Ärzte mit den Krankenkassen ab.

Bei der Frage nach der Indikation geht es aber zunächst nicht um eine exakte Festlegung des Störungsbilds und der dafür geeigneten Behandlungsschritte, sondern schlicht darum, welche Maßnahmen dem Klienten überhaupt voraussichtlich helfen werden. Zur Abklärung kann es hilfreich sein, sich an den folgenden Schritten zu orientieren:

1. Ist überhaupt psychologische Beratung oder Psychotherapie indiziert? Das sollte aus der Befunderhebung bis dato auf jeden Fall hervorgegangen sein.
2. Bin ich die geeignete Fachperson dafür?
3. Braucht der Klient begleitend oder ergänzend noch weitere Unterstützungsmaßnahmen?

Die nächste Weiche wird gestellt, indem man *differentialdiagnostisch* weiter fragt:

1. Sind zunächst kurzfristig wirksame Maßnahmen im Sinne einer *Kriseninter="vention* angezeigt?
2. Handelt es sich bei der Problematik des Klienten sehr wahrscheinlich um langfristig anhaltende, tief in der Biografie verankerte und durch den sozialen Kontext stabilisierte Angelegenheiten?

---

[160] Vgl. Peter Fiedler, Indikation und Behandlungssetting, in: Martin Linden, Martin Hautzinger, *Verhaltenstherapie: Techniken, Einzelverfahren und Behandlungsanleitungenk*, 3., überarb. u. erw. Aufl. (Springer: Berlin, Heidelberg, New York, et al., 1996), 52-58. - Indikation ist die Feststellung, welches Verfahren zur Problembewältigung geeignet (angezeigt = indiziert) ist.
[161] Nosologie = systematische Beschreibung von Krankheiten.

3. Handelt es sich um eine Krise in einer natürlichen Übergangssituation (z.B. Ablösung vom Elternhaus, Trauer)?
4. Handelt es sich um ein klar kategorisierbares psychisches Störungsbild, das im ICD-10 (s. unten) beschrieben wird?
5. Handelt es sich um eine schwere psychiatrische Erkrankung, die zumindest fachmedizinische Behandlung erfordert, wenn nicht sogar stationäre?

Indikationsbereiche für Kognitive Verhaltenstherapie

In der Tabelle sind die zehn Hauptgruppen der psychischen Störungen und Erkrankungen nach dem ICD-10 zusammengestellt und kurz beschrieben.

Überblick: Psychische Störungsbilder nach ICD-10[162]

Störungsbereich	Störungsbilder
Organisch bedingte Störungen (F0)	Demenzen (Alzheimer, Vaskuläre Demenz u.a.); Delir (nicht durch Drogen/Alkohol); Schädigungen / Funktionsstörungen des Gehirns; direkte Auswirkungen anderer körperlicher Erkrankungen
Substanzbedingte Suchtstörungen (F1)	Alkohol, Drogen aller Art, Tabak und Koffein
Schizophrenie, schizotypische und wahnhafte Störungen (F2)	Verschiedene Formen der Schizophrenie; vorübergehende Psychosen; schizoaffektive Störungen; Wahn u.a.
Affektive Störungen (F3)	Verschiedene Former der Manie und der Depression
Neurotische, Belastungs- und somatoforme Störungen (F4)	Phobien und andere Angststörungen; Zwangsstörungen; Belastungs- und Anpassungsstörungen; dissoziative Störungen; somatoforme Störungen u.a.
Verhaltensauffälligkeiten mit körperlichen Funktionsstörungen oder Faktoren (F5)	Essstörungen; nicht-organische Schlafstörungen; nicht-organische sexuelle Funktionsstörungen u.a.
Persönlichkeits- und Verhaltensstörungen (F6)	Paranoide, schizoide, dissoziale, ängstliche usw. Persönlichkeitsstörung; Borderline-Syndrom; pathologisches Spielen, Stehlen usw.; Störungen der Geschlechtsidentität und der Sexualpräferenz (Transsexualismus, Exhibitionismus, Pädophilie u.a.); vorgetäuschte Störungen u.a.
Intelligenzminderung (F7)	Abstufungen von leichter bis schwerster Intelligenzminderung
Entwicklungsstörungen (F8)	Sprachstörungen; Lese- und Rechtschreibstörungen; frühkindlicher Autismus u.a.
Spezifische Störungen im Kindes- und Jugendalter (F9)	Hyperkinetische Störung; Störung des Sozialverhaltens; Ticstörungen; Enuresis, Enkopesis u.a.

Die Störungsbilder, bei denen dem „Wissenschaftlichen Beirat Psychotherapie der Bundesregierung" zufolge (Kognitive) Verhaltenstherapie indiziert ist, sind grau hinterlegt. Das heißt allerdings nicht, dass die Kognitive Verhaltenstherapie in den anderen vier Bereichen *nicht* effektiv zum Einsatz kommen kann. Es gibt auch Manuale zur Hilfe bei Demenzerkrankungen und die KVT findet viel Verwendung bei spezifischen Problemen von Jugendlichen und Kindern. Ein weiterer wichtiger Anwendungsbereich ist die Schmerztherapie.

---

[162] H. Dilling et al. (Hg., Übersetzer), Weltgesundheitsorganisation, *Internationale Klassifikation psychischer Störungen: ICD-10, Kapitel V (F). Klinisch-diagnostische Leitlinien,* 2., korr. Aufl. (Hans Huber: Bern u.a., 1993); Rainer Tölle, *Psychiatrie, einschließlich Psychotherapie*, Kinder- und jugendpsychiatrische Bearbeitung von R. Lempp, 11., überarb. u. ergänzte Aufl. (Springer: Berlin u.a., 1996); Michael Dieterich, *Handbuch Psychologie und Seelsorge* (R. Brockhaus: Wuppertal, Zürich, 1989), 327ff.

Folgende Voraussetzung müssen gewährleistet sein, um mit einer Ausbildung in Kognitiver Seelsorge und Verhaltenstherapie Menschen im Blick auf Störungsbilder nach dem ICD-10 psychologisch beraten zu dürfen:

- Es handelt sich um kein primär medizinisches Problem
- Die Person hat die Erlaubnis zur Ausübung der *Psychotherapie nach dem Heilpraktikergesetz* erlangt.

Diese Bedingungen tangieren keineswegs die *seelsorgerliche Begleitung* von Personen mit solchen Störungen. Es ist dann aber wichtig, diese klar von einer Behandlung zu unterscheiden. Für die Begleitung eignet sich die personenzentrierte Gesprächsführung, wie sie in Grundkurs I bei ISA gelehrt wird, wesentlich besser als die ABC-Methode.

2.2. Planung und Prozess der Beratung

Es ist nicht nur ethisch fragwürdig, sondern auch therapeutisch kontraproduktiv, wenn die Beratungsperson die Bewältigungskompetenzen ihres Klienten nicht wahrnimmt und ernst nimmt. Kognitive Verhaltenstherapie ist per definitionem Hilfe zur Selbsthilfe.[163] Die implizite Zielsetzung bei allen spezifischen Therapiezielen besteht darin, dass der Patient nicht mehr Patient ist, was bedeutet: Er benötigt den Therapeuten nicht mehr, weil er selbst zurecht kommt. Je rascher dieses Ziel erreicht wird, desto besser.

Hierin liegt übrigens eine große Chance der selbst bezahlten Therapie: Der Kostenfaktor motiviert, möglichst bald erfolgreich zu sein.

2.2.1. Strukturierende Unterstützung[164]

Der „Kunde" in einer Psychologischen Beratungspraxis darf erwarten, dass die Beratungsperson

- sowohl seine Problemlage als auch die spezifischen Möglichkeiten der therapeutischen Hilfe gut erfasst,
- ein realistisches Ziel des Beratungsprozesses definiert,
- den Weg dorthin erkennt,
- ihn transparent über all das informiert,
- ihn aktiv und ermutigend unterstützt, den Weg selbstständig zu gehen,
- nachvollziehbare Aussagen über den bislang erreichten Therapieerfolg macht.

Diese berechtigten Erwartungen erfordern eine entsprechende Strukturierung des Therapieverlaufs.

Man kann den Berater mit einem Bergführer vergleichen. Sein „Kunde" vertraut sich ihm an, um selbst seinen Problemberg zu bewältigen. Eine wichtige

---

163 Vgl. F.H. Kanfer et al., a.a.O., 15-17.
164 Vgl. Nicolas Hoffmann, Strukturierung des Therapieablaufs, in: Martin Linden, Martin Hautzinger, *Verhaltenstherapie: Techniken, Einzelverfahren und Behandlungsanleitungenk*, 3., überarb. u. erw. Aufl. (Springer: Berlin, Heidelberg, New York, et al., 1996), 31-35.

Voraussetzung für den Therapieerfolg ist, dass beide in dieser Grundeinstellung übereinstimmen. Das bedeutet:

▸ Der Berater bewältigt das Problem nicht anstelle des Klienten. Er hilft ihm beim Klettern, aber er nimmt es ihm nicht ab.
▸ Der Berater übernimmt die Verantwortung dafür, dass die therapeutischen Maßnahmen den Klienten weder unterfordern noch überfordern. Er stellt sicher, dass der Patient sein Ziel wirklich erreichen kann.

Wie weit die strukturierende Unterstützung geht und welche Maßnahmen sie umfasst, hängt von der Zielsetzung und den vorhandenen Bewältigungsmöglichkeiten des Klienten ab.

Die strukturierende Unterstützung bezieht sich auf

▸ die Gesamtplanung der Therapie,
▸ die Etappenplanung auf Teilziele hin,
▸ die Planung des Übens und Umsetzens im Alltag von Sitzung zu Sitzung,
▸ den Aufbau der jeweiligen Sitzung.

2.2.2. Wirkfaktoren aktivieren[165]

Die Wahrscheinlichkeit des Beratungserfolgs hängt davon ab, in welchem Maß die wesentlichen psychotherapeutischen *Wirkfaktoren* zur Entfaltung gelangen. Welche Wirkfaktoren im Einzelfall vornehmlich zu aktivieren sind, geht aus der Bedingungsanalyse hervor. Nach Klaus Grawe gibt es drei Wirkdimensionen:

▸ Klärung
▸ Bewältigung
▸ Beziehung

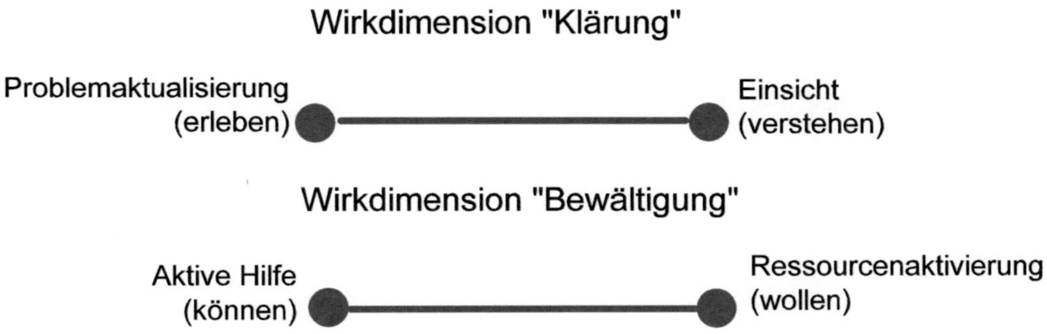

Abbildung 8: Die Wirkdimensionen „Klärung" und „Bewältigung".

Die Dimension „Klärung" wird von den beiden Wirkfaktoren „Problemaktualisierung" und „Einsicht" bestimmt, die Dimension „Bewältigung" von den Faktoren „Aktive Hilfe" und „Ressourcenaktivierung" (Abbildung 8). Die dritte Dimension „Beziehung" mit den beiden Aspekten „Interpersonalität" und „Intrapersonalität" gesellt sich sich zu jedem jener vier anderen Wirkfaktoren. Auf diese dritte Dimension kommt es besonders an:

---

[165] Vgl. Klaus Grawe, Ruth Donati, Friederike Bernauer, *Psychotherapie im Wandel: Von der Konfession zur Profession*, 4. Aufl. (Hogrefe: Göttingen, Bern, Toronto u.a., 1995).

> Der entscheidende Wirkfaktor ist die therapeutische Beziehung!

Die Wirkfaktoren stehen nicht summarisch nebeneinander, sondern sie bilden miteinander ein Ganzes. Ihre Dreidimensionalität lässt sich schön mit dem Bild eines Würfels darstellen (Abbildung 7).[166] Das Optimum des Beratungserfolges ist gewährleistet, wenn alle Wirkfaktoren aktiviert sind.

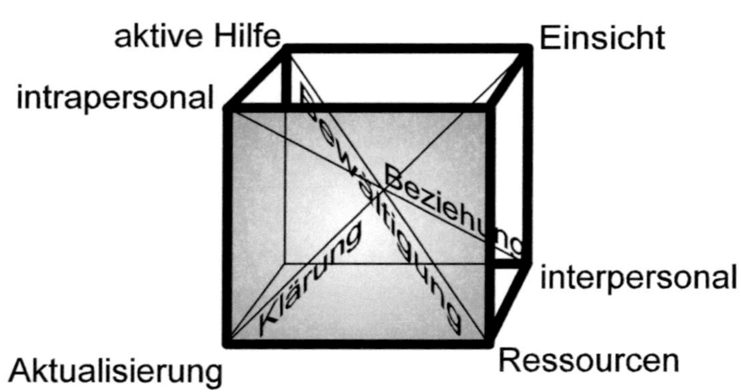

Abbildung 7: Die Dreidimensionalität der Wirkfaktoren

Beispiele: Sowohl bei Klient Abe als auch bei Klientin Cede hat die Diagnose hohe Burnoutwerte ergeben. Es sind aber unterschiedliche Bereiche betroffen: Frau Cedes soziales Umfeld ist intakt, auch ihr Arbeitsplatz weist manche Vorzüge auf. Sie macht sich aber selbst viel Stress durch ihre inneren Antreiber und leidet unter geringem Selbstwertgefühl. Der Behandlungsschwerpunkt wird darum auf den *intrapersonalen* Aspekt gelegt. Therapieziel ist die Freiheit vom Diktat der inneren Antreiber und die Stärkung des Selbstbewusstseins. Als Methodik wird die Kognitive Umstrukturierung durch REVT gewählt. Herr Abe hat ein doppeltes Problem: Er wird im Betrieb gemobbt und erleidet eine massive Ehekrise. Er verfügt aber über ein stabiles Verhältnis zur eigenen Person und ist in der Lage zu realistischer Situationswahrnehmung. Der Behandlungsschwerpunkt wird auf den *interpersonalen* Aspekt gelegt: Herr Abe beginnt mit seiner Frau zusammen eine Paartherapie. Parallel führt er lösungsorientierte Einzelgespräche mit dem Berater, um eine rasch wirksame Strategie gegen das Mobbing zu entwickeln.

2.2.3. Die therapeutische Beziehung[167]

Die Basisvariablen der personenzentrierten Gesprächsführung nach Carl Rogers,

- ▸ Wertschätzung
- ▸ Empathie
- ▸ Echtheit,

sind für die vertrauensbildende Grundbeziehung zwischen Berater und Klient unabdingbar. Darüber besteht in der Kognitiven Verhaltenstherapie Konsens.[168]

---

[166] Klaus Grawe, „Was sind die wirklich wirksamen Ingredenzien der Psychotherapie?" Einführungsreferat auf dem Psychotherapiekongreß in Hamburg, 1994.

[167] H.A. Willberg, Grundlagen.

[168] Wolfgang Schulz, Therapeut-Patient-Beziehung, in: Martin Linden, Martin Hautzinger, *Verhaltenstherapie: Techniken, Einzelverfahren und Behandlungsanleitungen,* 3., überarb. u. erw. Aufl. (Springer: Berlin, Heidelberg, New York, et al., 1996), 9-14; Gert-Walter Speierer, Unkonditionales Akzeptieren, in: ebd., 20-23; Rainer Sachse, Empathie, in: ebd., 24-30.

Unklar bleibt bisweilen jedoch, wie ernst sie tatsächlich genommen werden. Weder als halbherzig angewandte Technik noch als Sprungbrett, das man auf ein manipulatives Ziel hin verlassen kann, sobald genügend „Rapport" hergestellt worden ist, reichen sie hin.

Notwendig für eine sichere Vertrauensbasis ist es, dass die Beratungsperson eine konsequent wertschätzende, empathische und authentische *Haltung* einnimmt. Eine tragfähige Beziehung ist nur dann gegeben, wenn die Basisvariablen „in Fleisch und Blut übergegangen" sind.

Wesentlich für den Beratungserfolg ist die *Compliance*[169] des Klienten. Sie kann zum Beispiel durch Ängste, Aggressionen, enttäuschte Erwartungen, fehlende Motivation, Überforderung, unausgesprochene schwere Sorgen, Selbstzweifel oder Verliebtheitsgefühle vermindert sein. In solchen Fällen ist es oft ratsam, die therapeutische Beziehung auf der Meta-Ebene zu klären, sie also explizit zu thematisieren. Dass kann auch sinnvoll sein, wenn die Beratungsperson selbst das Problem hat - allerdings immer nur dann, wenn die Bearbeitung eindeutig dem therapeutischen Erfolg des Patienten dient. Für solche Interventionen wurde in der Psychotherapie der Begriff *Immediacy* geprägt.[170]

2.2.4. Die Gesprächsstrukturierung

Das Erstgespräch

Das Erstgespräch dient vor allem dem vertrauensbildenden Kennenlernen und der vertiefenden Informationsgewinnung. Dazu eignet sich das Durchgehen des Anamnesebogens. Methodisch wird das Erstgespräch von der personenzentierten Gesprächsführung dominiert. Erzählen lassen und aktiv zuhören!

Der dritte Zielpunkt des Erstgesprächs neben Vertrauensbildung und Informationsgewinnung ist die *Ermutigung*. Motivierend ist zum einen der wertschätzende Umgang und das authentische Verständnis der Beratungsperson, zum anderen das erste (glaubwürdige) Aufzeigen von Lösungsmöglichkeiten (Licht am Ende des Tunnels).

Im Zusammenhang mit dem Erstgespräch können auch schon diagnostische Instrumente (z.B. Persönlichkeitstests) Anwendung finden. Wichtig ist aber, dass der Klient nicht damit überhäuft wird. Manchmal kann bereits beim Erstgespräch eine situative Verhaltensanalyse durchgeführt werden.

---

[169] Medizinisch-psychologischer Fachbegriff für die Kooperationsbereitschaft des Patienten.

[170] Vgl. dazu Jobst Finke, Beziehungsklären (Immediacy), in: Martin Linden, Martin Hautzinger, *Verhaltenstherapie: Techniken, Einzelverfahren und Behandlungsanleitungen,* 3., überarb. u. erw. Aufl. (Springer: Berlin, Heidelberg, New York, et al., 1996), 15-19.

Aufbau eines Beratungsgesprächs

Strukturelement	Erläuterung
Begrüßung	Ggf. Smalltalk als „Warming up", aber nur kurz! Pünktlich beginnen!
Besprechung der „Hausaufgaben", Reflexion der Weiterwirkung des letzten Gesprächs	Wahrnehmung und positive Verstärkung der Erfolge! Nicht-moralisierende Diskussion der Misserfolge und Vermeidungen. Wahrnehmung neuer Erkenntnisse des Klienten. Wahrnehmung neuer Schwierigkeiten.
Zielsetzung für dieses Gespräch	Ggf. Abwägung, ob neue Fragestellungen und Schwierigkeiten Priorität vor der ursprünglichen Zielsetzung haben sollen. In diesem Fall einen Kompromiss finden. Die ursprüngliche Zielsetzung nicht aus dem Blick verlieren!
Bearbeitung des vereinbarten Themas	Drei Faustregeln: ▸ Nimm dem Klienten nicht ab, was er selbst (lösen) kann! ▸ Lass ihm und dir selbst Zeit! ▸ Weniger ist mehr!
Zusammenfassen des Ergebnisses, Resümee	Die Zusammenfassung besser vom Berater, das Resümee („Was nehme ich mit aus dieser Stunde") besser vom Klienten.
Umsetzungsziele im Alltag definieren (Hausaufgaben)	Vorfahrt für den Klienten! Der Berater schlägt nur vor, der Klient entscheidet und legt sich fest.
Verabschiedung Terminvereinbarung	Verabschiedung kurz, aber herzlich! Nicht nochmals zurück ins Thema gleiten! Mut zur Grenze! Terminvereinbarung *nach* der vereinbarten Gesrächszeit.

2.2.5. Die Therapieplanung

Die sieben Phasen[171]

1. *Eingang:* Vertrauensbildung und Information
2. *Motivierung:* Vorläufige Auswahl eines Veränderungsziels und vorläufige Zielbestimmung.
3. *Verhaltensanalyse:* SORKC bzw. ABC-Analyse mit ersten Schlussfolgerungen zur Dynamik des Problems (funktionales Bedingungsmodell).
4. *Therapeutische Zielsetzung:* Zielanalyse und gemeinsame Zielsetzung für den Therapieprozess.
5. *Methodenklärung und -anwendung:* Auf welchem Weg wollen wir das Ziel erreichen? Umsetzung.
6. *Evaluation des Therapiefortschritts:* Therapiebegleitende Diagnostik, Selbstbeobachtungen, Feedback, Auswertung der Hausaufgaben.
7. *Erfolgsoptimierung und Abschluss:* Stabilisierung des Selbstmanagementverhaltens, Definition weiterer Ziele, Aufarbeitung noch übriger Themen, Abschlussfeedback, Besprechung von Follow-Up-Sitzungen.

Diese Phasen können in der Praxis ineinander über gehen und sich überlappen. Ebenso können bereits zurückgelegte Phasen bei Bedarf wieder neu aktiviert werden. Als Faustregel gilt: Klar strukturiert, aber niemals starr, sondern immer flexibel bezogen auf das aktuelle Problem und die Dynamik des Prozesses!

---

[171] F.H. Kanfer et al., a.a.O., 138-142.

Schriftliche Aufgaben

Die folgenden schriftlichen Aufgaben beziehen sich auf die Teile 1 und 2. Bearbeitungszeit pro Aufgabe: 1,0 Credits = 30 Stunden Bitte senden Sie die Antworten an info@isa-institut.de. Geben Sie zu den Antworten die Ziffer der Aufgabenreihe oben im Balken und jeweils die Nummer der Frage an.

Aufgabe I

Studieren Sie das folgende Schaubild und die erläuternde Texte des Theologen Adolf Schlatter (1852-1938) dazu.

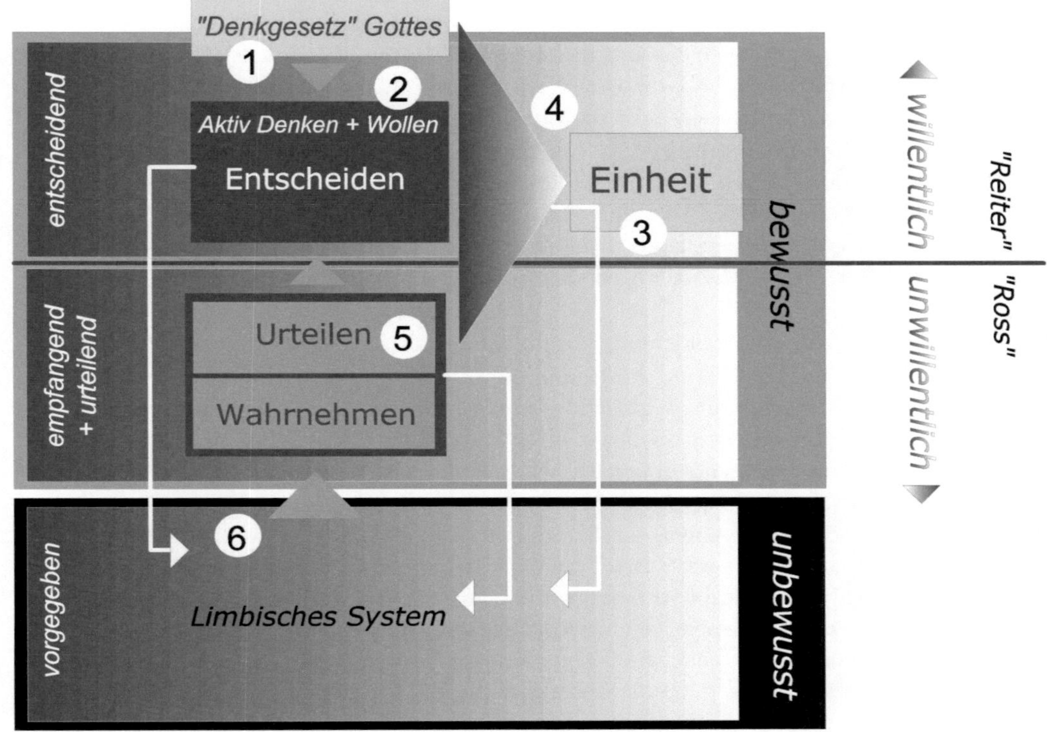

Abbildung 8:
Das intrapsychische Zusammenspiel bei Entscheidungsprozessen nach Adolf Schlatter

Erläuterungen zur Abbildung

Schlatter erkennt einen dreistufigen Aufbau der menschlichen Psyche:

> „Die erste [Stufe] bleibt jenseits unseres Wahrnehmens; wir werden gemacht, ohne daß wir uns dabei beobachten könnten. Wie Bewußtsein wird, sehen wir nie. Wir sind also zuerst in die reine Passivität gestellt und deshalb steht vor allem Bewußten ein Unbewußtes, nicht Wißbares, aus dem unser bewußtes Bilden entsteht. Auf der zweiten Stufe sind wir selbst an unserem Gebildetwerden beteiligt, indem wir das uns Gegebene wahrnehmen, da dieses uns als unser Besitz enthüllt wird. Das sind die Vorgänge des bewußten Vernehmens, durch die wir ein Gesehenes und Gedachtes bekommen. Die dritte Stufe ist die, daß wir das Empfangene selbst gestalten und ihm mit dem uns gegebenen Vermögen in uns Bestand und Wirksamkeit verleihen; nun denken wir selber, was Gott uns zeigt, und wissen selber, was Gott uns sagt."[172]

---

[172] Adolf Schlatter, *Das christliche Dogma*, mit einem Vorwort v. W. Joest, 4. Aufl. (Calwer Verlag: Stuttgart, 1984), 94.

Die nun folgenden erläuternden Zitate sind in der Abbildung der Numerierung entsprechend zuzuordnen.

1. „Wir sind [...] durch den Denkvorgang zu einem tätigen, freien Dienst Gottes berufen, dazu nämlich, unser Bewußtsein so zu gestalten, daß das uns gegebene Denkgesetz zur Erfüllung kommt."[173] Es ist „nicht nur eine Äußerung unserer Kraft, sondern eine Erfüllung unserer Pflicht, wenn wir richtig denken."[174] „Das unserem Denken gegebene Gesetz, das uns zur Einheit führt, und das unserem Willen gegebene Gesetz, das uns zur Gerechtigkeit und Liebe beruft, weisen auf denselben Grund, auf denselben Schöpferwillen zurück."[175] „Die Missbildungen des Denkens „entstehen [...] nicht nur dadurch, daß der natürliche Vorgang, die Sinnesfunktion, und [...] auch die Vernunft erkranken können, sondern werden von uns selbst hervorgebracht, indem wir eigenmächtige Zusammenhänge zwischen unseren Vorstellungen stiften. Eine falsche Selbstheit wird hier sichtbar, die das ihr gegebene Gesetz abwirft."[176]

2. „Unsere Fähigkeit zu wollen und zu handeln hängt von unserem Denken ab, da uns unsere Denkarbeit die Ziele zeigt, die wir begehren."[177] „Da wir [...] den Denkakt nicht nur erleiden, sondern tätig vollziehen, wissen wir [...], daß unser Wille zu den Bedingungen gehört, von denen das Gelingen unseres Denkens abhängig ist. [...] Weil wir nie nur in den empfangenden Funktionen [...] verharren können, sondern beständig zu einer Tätigkeit aufgerufen sind, die das uns Dargebotene in uns einführt, wird das Denken Arbeit, Kunst und Pflicht."[178] „Um einen Willen zu formen, müssen wir einen Gedanken besitzen, da wir nicht wollen können, ohne ein Gewolltes zu denken. [...] Der 'reine Wille' ist im selben Sinn eine Fabel wie die 'reine Vernunft'. Daher kann unser Wille nicht richtig werden, wenn nicht der ihn begründende Denkakt die Richtigkeit besitzt, weil er im Gehorsam gegen das Denkgesetz geschieht und darum Wahrheit ist."[179]

3. Unserer Vernunft sei „die Richtung auf die Einheit als ihr Gesetz eingepflanzt". Einheit sei aber nicht gleichbedeutend mit Harmonie.[180]

4. Das Entscheiden führt zum Verhalten. „Da wir aber nur durch unser tätiges Verhalten die Beziehungen herstellen, die uns unseren Platz in der Natur und in der Gemeinschaft anweisen, ist uns das Handeln unentbehrlich, damit uns Gedanken kommen."[181]

5. „Mit [dem] ersten Vorgang, der als ein Gegebenes in uns hervortritt, ist [...] der inwendige Prozeß noch nicht beendet, sondern es tritt zur Wahrnehmung und Vorstellung ein Urteil hinzu, durch das wir unser Verhältnis zu unseren Gedanken bestimmen. Unser Denken besteht beständig darin, daß wir ja oder nein sagen, affirmieren oder negieren; denn wir nehmen mit einem von uns vollzogenen Akt die in unser Bewußtsein hineingesetzten Gedanken in uns auf oder weisen sie ab. Auch in dieser Funktion sind wir nicht einzig selbständig; denn die Gedanken, die wir vor dem neuen Seh- und Denkakt bereits in uns tragen, sind das Mittel, durch das wir unser Urteil formen."[182] „In diesem Vorgang macht sich ein Gesetz sichtbar, das von unserem Denkakt Einheit verlangt und uns verwehrt, ja und nein gleichzeitig zu sagen. Versuchen wir es, so entsteht dagegen ein innerer Protest und ein Verbot macht sich geltend, das uns den Widerspruch unerträglich macht. In dem sich beständig erneuernden doppelten Denkakt kommt die Grundgestalt des Ichs zur Erscheinung. Darin, daß uns die Grundgestalt die Einheit zum Ziel gemacht und die Abwehr des Widerspruchs aufgegeben ist, wird die Einheit,

---

[173] Ebd., 93.

[174] Adolf Schlatter, *Die christliche Ethik*, 3., neu bearb. Aufl. (Calwer Vereinsbuchhandlung: Stuttgart, 1929), 250.

[175] Ebd., 251.

[176] A. Schlatter, Das christliche Dogma, 115.

[177] A. Schlatter, Die christliche Ethik, 249.

[178] A. Schlatter, Das christliche Dogma, 93.

[179] Ebd., 95.

[180] A. Schlatter, Die christliche Ethik, 251.

[181] A. Schlatter, Das christliche Dogma, 96. - Die Gedanken kommen, indem die Entscheidungsresultate vornehmlich vom Limbischen System abgespeichert und bei erfahrungsgemäß ähnlichen Reizen wieder dem Bewusstsein angeboten werden.

[182] A. Schlatter, Das christliche Dogma, 89.

die unserem persönlichen Leben eingepflanzt ist, sichtbar."[183] „[A]uch auf der zweiten Stufe des Bewußtseins, in der Urteilsbildung, sind wir durch unsere Geschichte bestimmt, weil wir mit dem urteilen, was schon unseren geistigen Besitz ausmacht. Es wird also in unserem Urteil beständig der ganze Ertrag unseres bisherigen Lebens wirksam. Wir können nie so aus uns selbst ausgehen, daß wir nicht unser Ich behielten, nie so objektiv werden, daß wir nicht in der Identität mit uns selber blieben. Weil wir die sind, die das Urteil fällen, ist es durch unser Erleben und Handeln bestimmt."[184] „Ob wir wollen oder nicht wollen, die Wahrnehmung tritt unabhängig von unserem Willen ein und unser Urteil entsteht ebenfalls unabhängig von ihm aus dem Verhältnis, in dem unsere Vorstellungen zueinander stehen."[185] „Wir können nicht beliebig zu jeder Zeit jeden Gedanken haben; das Entstehen eines solchen hat vielmehr bestimmte Bedingungen sowohl in den Verhältnissen, in die wir versetzt sind, als in dem in uns vorhandenen geistigen Besitz und erst, wenn diese hergestellt sind, tritt er hervor."[186] Diese Abhängigkeit von Vorgegebenem „bleibt uns Geheimnis".[187] „Aus der Begrenzung unseres Bewußtseins folgt, daß wir die vollständige Richtigkeit unserer Urteile nirgends erreichen. Wir können unserer Gedanken nur mit dem lückenhaften und unvollständigen Stoff bilden, der in uns vorhanden ist, können aber ebensowenig die Bildung von Urteilen unterlassen, da wir sie zum Handeln brauchen und da der sich uns darbietende Stoff erst durch die Bildung der Urteile zu unserem Eigentum wird. Deshalb aber, weil alle unsere Denkgebilde provisorisch und unfertig bleiben, sind sie nicht Irrtümer zu heißen, so lange uns das Bewußtsein um ihre Unfertigkeit und beschränkte Geltung gegenwärtig ist."[188]

6. „Den ersten Akt des Bewußtseins, das Empfangen, können wir nicht isoliert vollziehen; denn er wird uns durch die gesamte Bewegung unseres Lebens vermittelt. Unser Ort in der Natur und Geschichte verschafft uns unsere Wahrnehmungen und damit auch unsere Gedanken."[189] „Die Gebilde, die uns als Vorstellungen und Gedanken füllen, entstehen in uns nach einer Gesetzmäßigkeit, die uns eingepflanzt ist. Wir sind bei diesen Bildungen die Empfangenden. Wo das Empfangen fehlt, versagt unser Vermögen zur Produktion."[190]

----

1. Vergleichen Sie das soeben beschriebene Modell Schlatters mit dem Modell der motivationalen Schemata nach Grawe und Epstein (Teil 1, Kap. 1). Wo finden Sie Gemeinsamkeiten, wo Unterschiede?
2. Was meint Schlatter wohl mit dem „Denkgesetz"? Ist das eine reine Glaubensaussage oder lässt sich das empirisch begründen?
3. Schlatter wusste noch nichts über die Interaktion von Limbischem System und Großhirn. Vergleichen Sie seine Aussagen mit dem, was Sie darüber wissen, und beschreiben Sie Ihren Befund.
4. Wie versteht Schlatter Willensfreiheit und Verantwortung in Bezug zum „Gehorsam gegen das Denkgesetz"? Wie denken Sie selbst darüber?
5. Was würde Schlatter wohl im Rahmen dieses anthropologischen Systems als „Sünde" bezeichnen?
6. Versuchen Sie anhand des Schlatterschen Modells eine theologische Begründung der Kognitiven Seelsorge.

---

[183] Ebd., 89f.
[184] Ebd., 96.
[185] Ebd., 93.
[186] Ebd., 96f.
[187] Ebd., 96.
[188] Ebd., 115. - Schlatter weist in diesem Zusammenhang auf 1 Ko 13,8-12 hin.
[189] Ebd., 96.
[190] Ebd., 89.

1. Vergegenwärtigen Sie sich nochmals das Libet-Experiment mit dem Bereischaftspotenzial (Teil 1, Kap. 2). Fassen Sie in eigenen Worten zusammen, wie Sie das Experiment und seine Bedeutung verstehen, und wie neurobiologigsche Deterministen es deuten. Formulieren Sie Ihre eigene Ansicht dazu.

2. Worin liegen die Probleme der dualistischen Trennung von Geist(-Seele) und Leib? Beschreiben Sie Ihre eigene Anschaung des Verhältnisses von Geist, Seele und Leib.

3. Was denken Sie über das Bild von „Ross und Reiter" für Leib und Geist? Suchen Sie nach weiteren Bildern, um Ihre Vorstellung des Verhältnisses von Leib und Geist zu beschreiben.

4. Was halten Sie von der Behauptung, dass die meisten seelischen Störungen ganz überwiegend Stressprobleme sind? Begründen Sie Ihre Ansicht.

5. Suchen Sie im Internet Beiträge über den neurobiologischen Determinismus, stellen Sie diese kurz vor und diskutieren Sie die Inhalte.

6. Was meint Kant mit seiner Unterscheidung von „empirischem" und „intelligiblem" Charakter und was denken Sie darüber?

Aufgabe III

1. Vergleichen Sie eingehend das Selbstkongruenz-Modell nach Rogers mit dem Konzept der Kognitiven Therapie und Seelsorge. Wie passen beide Modelle zusammen?

2. Schreiben Sie einen kleinen Aufsatz über Selbstbestimmung und Selbstverwirklichung. Diskutieren Sie darin, ob und wie Selbstverwirklichung mit dem Gehorsam gegen Gottes Willen zusammenpasst.

3. Entwerfen Sie unter Zuhilfenahme der Gliederung des BASIC-ID Ihren eigenen Anamnesefragebogen für Ihre Praxis.

4. Wie ließe sich mit der ABC-Methode in der Paarberatung arbeiten? Entwerfen Sie ein Modell.

5. Verfassen Sie einen Vortrag oder eine Präsentation über die lerntheoretischen Grundlagen der Kognitiven Seelsorge. Stellen Sie Ihr Produkt bei einem ISA-Präsenzseminar vor.

Aufgabe IV

1. Erarbeiten Sie sich einen tabellarischen Überblick der Störungsbilder, für die vor allem Kognitive Verhaltenstherapie indiziert ist.

2. Erarbeiten Sie sich mit Hilfe einschlägiger Literatur (besonders Hautzinger, 2011)[191] sechs verschiedene Störungsbilder aus dem ICD-10. Überlegen Sie sich, wie jeweils ein typisches ABC dieser Störung aussehen kann. Stellen Sie sich jeweils eine Person vor, die mit diesem Problem zu Ihnen in die Beratung kommt, und beschreiben Sie, von diesem ABC ausgehend (situative Verhaltensanalyse) eine mögliche Therapieplanung.

---

[191] Martin Hautzinger (Hg.), *Kognitive Verhaltenstherapie: Behandlung psychischer Störungen im Erwachsenenalter*, mit Online-Materialien (Beltz: Weinheim, Basel, 2011).

4.   Wie ließe sich eine Gruppenarbeit mit der ABC-Methode gestalten? Entwerfen Sie ein Modell.

5.   Erarbeiten Sie sich einen Vortrag oder eine Präsentation zum Thema „Entstehung, Einteilung und Behandlung psychischer Störungen. Stellen Sie Ihr Produkt bei einem ISA-Präsenzseminar vor.

Verwendete Literatur

Berne, Eric, *Spiele der Erwachsenen: Psychologie der menschlichen Beziehungen*, deutsch v. W. Wagemuth (Rowohlt: Reinbek, 1997 [1970])

Dieterich, Michael, *Handbuch Psychologie und Seelsorge* (R. Brockhaus: Wuppertal, Zürich, 1989)

Dilling, H. et al. (Hg., Übersetzer), Weltgesundheitsorganisation, *Internationale Klassifikation psychischer Störungen: ICD-10, Kapitel V (F). Klinisch-diagnostische Leitlinien*, 2., korr. Aufl. (Hans Huber: Bern u.a., 1993)

Dostojewski, Fjodor, *Die Brüder Karamasoff*, aus dem Russ. übertragen von E.K. Rahsin, 29. Aufl. (Piper: München, Zürich, 1999)

Epiktet, *Handbüchlein der Moral*, Griechisch/Deutsch, übersetzt u. hg. v. K. Steinmann (Philipp Reclam jun.: Stuttgart, 2004)

Fiedler, Peter, Indikation und Behandlungssetting, in: Linden, Martin, Hautzinger, Martin, *Verhaltenstherapie: Techniken, Einzelverfahren und Behandlungsanleitungenk*, 3., überarb. u. erw. Aufl. (Springer: Berlin, Heidelberg, New York, et al., 1996)

Finke, Jobst, Beziehungsklären (Immediacy), in: Linden, Martin, Hautzinger, Martin, *Verhaltenstherapie: Techniken, Einzelverfahren und Behandlungsanleitungen*, 3., überarb. u. erw. Aufl. (Springer: Berlin, Heidelberg, New York, et al., 1996)

Grawe, Klaus, *Psychologische Therapie*, 2., korr. Aufl. (Hogrefe: Göttingen u.a., 2000)

Grawe, Klaus, „Was sind die wirklich wirksamen Ingredenzien der Psychotherapie?" Einführungsreferat auf dem Psychotherapiekongress in Hamburg, 1994

Grawe, Klaus, Donati, Ruth, Bernauer, Friederike, *Psychotherapie im Wandel: Von der Konfession zur Profession*, 4. Aufl. (Hogrefe: Göttingen, Bern, Toronto u.a., 1995)

Grosse Holtforth, Martin, Grawe, Klaus, *FAMOS: Fragebogen zur Analyse Motivationaler Schemata. Manual* (Hogrefe, Verlag für Psychologie: Göttingen, Bern, Toronto, Seattle, 2002)

Hautzinger, Martin (Hg.), *Kognitive Verhaltenstherapie: Behandlung psychischer Störungen im Erwachsenenalter*, mit Online-Materialien (Beltz: Weinheim, Basel, 2011)

Hautzinger, Martin, Verhaltens- und Problemanalyse, in: Linden, Martin, Hautzinger, Martin, *Verhaltenstherapie: Techniken, Einzelverfahren und Behandlungsanleitungenk*, 3., überarb. u. erw. Aufl. (Springer: Berlin, Heidelberg, New York, et al., 1996)

Heckhausen, Heinz, *Motivation und Handeln: Lehrbuch der Motivationspsychologie* (Springer: Berlin u.a., 1980)

Hoffmann, Nicolas, Strukturierung des Therapieablaufs, in: Linden, Martin, Hautzinger, Martin, *Verhaltenstherapie: Techniken, Einzelverfahren und Behandlungsanleitungenk*, 3., überarb. u. erw. Aufl. (Springer: Berlin, Heidelberg, New York, et al., 1996)

Kanfer, Frederick H., Reinecker, Hans, Schmelzer, Dieter, *Selbstmanegement-Therapie: Ein Lehrbuch für die klinische Praxis*, 2., überarb. Aufl. (Springer: Berlin, Heidelberg, New York, 1996)

Lazarus, Arnold A., (Hg.), *Multimodale Verhaltenstherapie*, aus d. Amerik. v. W. Stifter u. H.A. Stiksrud (Fachbuchhandlung für Psychologie: Frankfurt a.M., 1978)

Lazarus, Arnold A., Multimodale Therapieplanung (BASIC-ID), in: Linden, Martin, Hautzinger, Martin, *Verhaltenstherapie: Techniken, Einzelverfahren und Behandlungsanleitungenk*, 3., überarb. u. erw. Aufl. (Springer: Berlin, Heidelberg, New York, et al., 1996)

Lazarus, Richard S., *Stress and Emotion: A New Synthesis* (Free Association Books: London, 1999)

Pfeifer, Samuel, *Die Schwachen tragen: Moderne Psychiatrie und biblische Seelsorge*, 3. Aufl. (Brunnen: Basel, Gießen, 1994)

Riemann, Fritz, *Grundformen der Angst: Eine tiefenpsychologische Studie* (Ernst Reinhardt: München, Basel, 1992)

Rogers, Carl R., *Die klientenzentrierte Gesprächspsychotherapie*, mit Beitr. v. E. Dorfmann et al., aus d. Amerik. v. E. Nosbüsch, 14. Aufl. (Fischer Taschenbuch: Frankfurt a.M., 2000)

Sachse, Rainer, Empathie, in: Linden, Martin, Hautzinger, Martin, *Verhaltenstherapie: Techniken, Einzelverfahren und Behandlungsanleitungenk*, 3., überarb. u. erw. Aufl. (Springer: Berlin, Heidelberg, New York, et al., 1996)

Schlatter, Adolf, *Das christliche Dogma*, mit einem Vorwort v. W. Joest, 4. Aufl. (Calwer Verlag: Stuttgart, 1984)

Schlatter, Adolf, *Die christliche Ethik*, 3., neu bearb. Aufl. (Calwer Vereinsbuchhandlung: Stuttgart, 1929)

Schulz, Wolfgang, Therapeut-Patient-Beziehung, in: Linden, Martin, Hautzinger, Martin, *Verhaltenstherapie: Techniken, Einzelverfahren und Behandlungsanleitungenk*, 3., überarb. u. erw. Aufl. (Springer: Berlin, Heidelberg, New York, et al., 1996)

Speierer, Gert-Walter, Unkonditionales Akzeptieren, in: Linden, Martin, Hautzinger, Martin, *Verhaltenstherapie: Techniken, Einzelverfahren und Behandlungsanleitungenk*, 3., überarb. u. erw. Aufl. (Springer: Berlin, Heidelberg, New York, et al., 1996)

Tölle, Rainer, *Psychiatrie, einschließlich Psychotherapie*, Kinder- und jugendpsychiatrische Bearbeitung von R. Lempp, 11., überarb. u. ergänzte Aufl. (Springer: Berlin u.a., 1996)

Willberg, Hans-Arved, *Grundlagen der seelsorgerlichen Gesprächsführung*, Lehrbücher aus dem Institut für Seelsorgeausbildung (ISA), Bd. 1 (Books on Demand: Norderstedt, 2010)

Willberg, Hans-Arved, *Mach das Beste aus dem Stress: Wie Sie Ihr Leben ins Gleichgewicht bringen* (R. Brockhaus: Wuppertal, 2006)

Wittchen, Hans-Ulrich (Hg. und Bearbeiter), *Handbuch der psychischen Störungen: Eine Einführung*, 2. neu ausgestattete Aufl., Hg. der Originalausgabe F.I. Kass, J.M. Oldham, H. Pardes (Beltz, Psychologische Verlags Union: Weinheim, 1998)